中法人文交流研究中心·法国研究中心

法国

热点问题研究（二）

主　编　王　战　刘婧玥　杨晓敏
副主编　孙小涵　袁伟菡　刘欣怡

WUHAN UNIVERSITY PRESS
武汉大学出版社

图书在版编目(CIP)数据

法国热点问题研究.二/王战,刘婧玥,杨晓敏主编.—武汉：武汉大学出版社,2021.6
ISBN 978-7-307-22221-2

Ⅰ.法…　Ⅱ.①王…　②刘…　③杨…　Ⅲ.法国—研究
Ⅳ.K956.5

中国版本图书馆 CIP 数据核字(2021)第 062041 号

责任编辑:杨　欢　　　责任校对:李孟潇　　　版式设计:韩闻锦

出版发行:**武汉大学出版社**　　(430072　武昌　珞珈山)
　　　　　(电子邮箱：cbs22@ whu.edu.cn　网址：www.wdp.com.cn)
印刷:武汉邮科印务有限公司
开本:720×1000　1/16　印张:23.75　字数:342 千字　　插页:1
版次:2021 年 6 月第 1 版　　2021 年 6 月第 1 次印刷
ISBN 978-7-307-22221-2　　定价:62.00 元

序　言

作为世界主要发达国家之一，法国一直秉承着自由、平等和博爱的信念活跃在世界舞台上。自1964年，法国率先在西方国家中与中国建立外交关系，中法两国携手走过了57个春秋，开创了一个又一个合作新局面，内容涉及各个领域，不断深化了两国全面战略伙伴关系，推进了两国关系稳步前行，共同促进了世界繁荣与稳定。

当前，中法关系呈现出强劲的发展势头。双方构建了战略、高级别经济财金、人文交流三大支柱性合作机制，涵盖了30多个对话磋商机制。其中，中法高级别人文交流机制业已成为中法关系中至关重要的组成部分。在此背景下成立的武汉大学"中法人文交流研究中心"（教育部备案），携手武汉大学教育部国别研究重点基地"法国研究中心"组织人员编译法国实时热点问题，旨在让读者增强对法国的了解，发挥科研平台的智库作用，互学互鉴，为推动中法人文交流蓬勃发展做出贡献。本书汇集了年度法国各大热点问题，新闻来源真实多样，涉及《世界报》《费加罗报》《回声报》《自由报》《巴黎人报》等多个法国国内权威媒体；研究领域全面丰富，涵盖法国国内政治、经济、社会与文化主题。本书做到了紧密追踪法国各大热点问题最新动态，全方位展现热点发展趋势，为国内学界研究法国提供了更加翔实的数据、更加新颖的视角，具有重要的参考价值和学术意义。

参与本书撰写的还有武汉大学法语系学生张雅涵、江思敏、袁钟隆、李晓璇、朱泓怡、刘雅为。在此感谢各位同学的付出与支持。感谢武汉大学法语系吴泓缈教授和冯学俊教授的指导。最后，本书得以付梓离不开武汉大学出版社所有工作人员的辛勤劳动。

武汉大学法国研究中心主任、广东外语外贸大学云山讲座教授　**王战**

2021 年 3 月于珞珈山

目　录

经济栏目

社会与文化栏目

政治栏目

法国 "全国大辩论" 接近尾声

自 1 月 15 日起，法国展开了一场计划为期两个月的 "国民大辩论"，这是政府针对已持续 9 周的 "黄马甲" 运动（Gilets Jaunes）所作出的回应。总统马克龙（Emmanuel Macron）计划延长此次大辩论，目前他仍须前往科西嘉岛（Corse）、布列塔尼（Bretagne）和卢瓦尔（les Pays de la Loire）地区与地区代表进行会晤，且需在爱丽舍宫（Elysée）接见上法兰西大区（Hauts-de-France）代表。

领土行政部部长塞巴斯蒂安·勒科尔尼（Sébastien Lecornu）指出，马克龙总统在 2019 年 4 月时将为大辩论作一个总结，届时总统将说明他的看法，提出大纲性方针。周日，一次 "里程碑式的" 会议将于马提翁宫（Matignon）举行，约有 10 名部长出席，旨在讨论大辩论的后续行动。

在总统颁布最终调解措施之前，各党派都可以广言进谏。执政党 "共和国前进" 党（LREM）抢先在沙特尔（Chartres）的一次会议上提出若干建议，议会主席吉尔斯·勒根德（Gilles Le Gendre）认为这些建议 "具有逻辑性、建设性且经过论证"。建议一方面涉及加重征收不动产巨富税（IFI），该税种已取代此前的巨额财产税（ISF）；另一方面，回避了遗产税问题。 "共和国前进" 党党魁斯坦尼拉斯·盖里尼（Stanislas Guerini）在《巴黎人报》（Parisien）的一次采访中宣称这是一个非常敏感的问题，应该得到普遍选举的认证，改革目的并不在于加重此项税收，而是要使其变得更加公平。此外，为应对民主危机，巴黎地区议员在过去 3 个月里提出落实 "公民自主公决法案（loi d' initiative citoyenne）"的倡议，以及在选举中更加重视"空白票"（vote blanc）问题。

当前为马克龙总统五年任期的第二阶段，在大辩论上提出的建议将被纳入政府方案，而许多改革尚未完成，如退休制度、公务员制度等。走出"黄马甲"危机是此次全国大辩论的目的之一，尽管其势头于上周六明显减弱，但相关带头人希望下周仍能再次动员起来，继续对政府施加压力。

《回声报》2019 年 3 月 11 日刊

应对"黄马甲"暴力　政府重拳出击

3月18日周一，法国政府对第18轮"黄马甲"游行中的暴力行为作出了回应。菲利普总理宣布将采取一系列新措施制止暴力分子的破坏行为。

"在暴力行为频现的街区"，政府一旦发现"极端分子和破坏意图"，将在"必要时"禁止"黄马甲"游行活动。这在事实上切断了"黄马甲"组织集会的所有可能，因为游行分子本身就鱼龙混杂、桀骜不驯。政府在游行前期表现出了温和宽容的态度，但冲突一旦出现，警察则会立刻介入维持秩序。从周六起，形势又大不相同了：警察和宪兵将盘问每个在禁止游行街区出现的人，包括巴黎的香榭丽舍大街（Champs-Elysées）、图卢兹的市政厅广场（la place du Capitole）以及波尔多的佩贝朗广场（la place Pey-Berland）。

菲利普还力图改革巴黎的秩序维持工作，终结了由警察局长主导一切的传统。菲利普在演讲中严厉批评了现任局长德勒普埃什（Michel Delpuech），认为他应对周六的混乱局面负责，并指出减少使用防卫弹发射器（LBD40）的"不当指令"是导致此次骚乱的原因（该武器因其破坏性而饱受诟病）。德勒普埃什即刻被撤职，新阿基坦大区区长拉勒芒（Didier Lallement）将接任巴黎警察局长一职。政府还将采用无人机、影像技术、定位追踪（PMC）等新手段协助维持秩序。而参加未申报游行活动的罚款也由原本的38欧元上调至135欧元。

此外，"黄马甲"的某些领袖人物可能面临司法制裁。"那些所谓的领袖煽动、支持暴力行为，而且不知悔改。我将让内政部部长根据刑法

第 40 条将他们告上法庭。"菲利普声明。该法条规定权力机关必须履行职责，检举知晓的罪行或不法行为。

周一晚，这些举措获得了部分右派的赞同，同时也遭到左派的反对。一位部长对政府走向何方感到迷茫："我们已经将紧急状态纳入普通法范畴，在反暴力分子法之后，如果我们还需更进一步……那么只剩下第 16 条——即非常时期赋予总统全部权力。"

《自由报》2019 年 3 月 19 日刊

英国脱欧犹豫不决，欧盟态度逐渐强硬

　　距离欧盟峰会（Sommet Européen）还有两天时间，英国脱欧的不确定性令欧盟（Union Européenne）感到愤怒。对于此次要求延迟脱欧日期，欧盟各国的语气愈加强硬，形势也变得更加紧张。

　　英国现任下议院议长约翰·伯考（John Bercow）于周一指出，在第二份脱欧协议被再次否决之后，第三次投票的协议不得与二月被否决的那份"相同"或"大致相同"。这让特雷莎·梅（Theresa May）的希望破灭了，她本希望脱欧协议能够在布鲁塞尔峰会（le sommet de Bruxelles）召开前顺利通过。英国首相发言人表示，为避免"无协议脱欧"，首相将以书面形式正式要求27个欧盟成员国为英国脱欧宽限至少3个月的时间。上周，特雷莎·梅威胁称，若英国议员不同意此项脱欧协议，脱欧时间将推迟到6月30日后，那么英国于5月底必须组织欧洲议会选举。

　　但在周二上午的会议上，部长们对延期的时长表示不满。据英国《金融时报》报道，英国脱欧派中有8人表示更希望在6月30日达成"无协议脱欧"。而德国总理安格拉·默克尔（Angela Merkel）于本周二承诺，她将为英国的有序脱欧"战斗到底"。德国欧洲事务部部长迈克尔·罗斯（Michael Roth）在布鲁塞尔峰会的部长级会议上直言不讳："我们的时间不多了，坦率地说，我们对这些谈判已经感到厌倦了。"此外，他还表示没有兴趣继续进行没有实质内容且非常抽象的讨论和谈判，并希望英国政府能给出关于延迟脱欧期限的具体提案。

　　欧洲人的愤怒表明，他们没有低估英国延迟脱欧所带来的问题。就目前而言，英国延迟脱欧将使欧洲议会选举复杂化。从长远来看，尽管英国宣称的目标是退出欧盟，但它可能会以一种可持续的方式遏制整个欧洲机器的运转。迈克尔·罗斯于周二表示，结束当前议会会议并重新开始新一届议会会议的解决方案很复杂，且最终需要英国女王的介入。

《回声报》2019 年 3 月 20 日刊

欧洲议会选举：
法国执政党确定最终竞选名单

    法国执政党"共和国前进"党最终确定由欧盟事务部部长纳塔莉·卢瓦索（Nathalie Loiseau）带领其党派投入到欧洲议会竞选中，口号为"复兴"。卢瓦索现年54岁，职业为外交官，此前在一场与国民联盟领袖玛丽娜·勒庞（Marine Le Pen）的电视辩论中，公布了自己的候选身份。据悉，这位前法国国家行政学院（ENA）院长，必须在本周一晚之前辞去在外交部的任职。

    竞选名单中位列第二的为世界自然基金会法国办事处（WWF France）主任、生态学家坎芬（Pascal Canfin），届时，卢瓦索将与坎芬携手"战斗"。鉴于气候问题越来越多地出现在舆论中，马克龙的支持者原本就比较担忧候选名单不够"环保"，与坎芬的联合可谓是正中下怀。总理的一位亲信也对此表示了赞同。除了环保问题之外，一位马克龙政府内的负责人认为这也应当是一个可变化的组合名单。除了要给多数党的盟友——民主运动党（MoDem）保留一定数量的被选举席位，还有"行动党（Agir）"的"于佩主义者"、激进党人士、环保主义者等。其中，民主运动党共有四个席位。一位竞选活动的主创人员直呼："弗朗索瓦·贝鲁（François Bayrou，民主运动党领袖）让我们花了大价钱了！"对于执政党竞选人员组成的复杂性，前欧洲议会议员孔-本迪（Daniel Cohn-Bendit）笑称其如"化圆为方"一样难。不过，马克龙的一位亲信保证这不是一个单纯的职位调整的名单，他们中的每个人对欧洲一体化都有着不同的抱负及独特的见解。

据悉，该份竞选名单位列第五位的是前爱丽舍宫顾问瑟如奈（Stéphane Sejourné），总理顾问博耶（Gilles Boyer）处在有选举资格之列，约在第十位。近期，环保主义者、欧洲议会议员杜行（Pascal Durand）也宣布加入该名单，但目前还不知道他的席位。杜行高度评价了马克龙的这一行为，他认为一个多数党能够将席位让给党外人士，"勇气可嘉"。

《费加罗报》2019 年 3 月 25 日刊

"黄马甲"风波，梅朗雄遭多方质疑

法国的"不屈法国"党（La France Insoumise）近期的民调支持率仅为8%。面对惨淡局势，"不屈法国"党成员仍力挺领袖梅朗雄（Jean-Luc Mélenchon），是因为缺乏更好的人选吗？"当然不是，"一位党内议员说，"只有他能在拥护共和国的同时，支持反欧洲和反精英的言论。"

然而即使是最忠实的拥护者也对梅朗雄产生了质疑。在总统首轮选举时支持梅朗雄的700万选民如今何在？党内成员认为要找回2017年让"不屈法国"党获得近20%支持率的政治要素。但"黄马甲"运动使他们重燃的斗志遭受重创。

在阶级斗争中"人民"的出现不应该成为11年权力斗争结束的标志吗？在四个半月的运动中，"黄马甲"们怒火高涨。然而相较于"不屈法国"党追求的税务公平，他们更倾向玛丽娜·勒庞提出的反税收要求。如果说梅朗雄从托派（trotskisme）转而维护普世的共和国，那他对民粹主义的皈依似乎遭遇碰壁，使他自我怀疑甚至栽跟斗。从对媒体和不公平现象大肆斥责，到他多次对"黄马甲"领袖人物埃里克·杜洛埃（Eric Drouet）表示赞赏，梅朗雄始终充满矛盾、踟蹰求索。"梅朗雄在贝普格里罗（Beppe Grillo，意大利五星运动党 Mouvement 5 étoiles 领导人）和弗朗索瓦·密特朗（François Miterrand）这两种角色中游移不定，这导致'不屈法国'党走进了死胡同。"欧洲生态绿党（Europe Ecologie-Les Verts）领袖大卫·科曼德（David Cormand）解释道。"不屈法国"党内并不同意上述观点。"梅朗雄对我们而言是不可或缺的。他着眼于长远，不求立竿见影。""我们与反对移民的意大利五星运动党完全不同。我们希望选民能支持'不屈法国'党，避免走向'国民联盟'。"

目前，危机仍未解决。"不屈法国"党议员克莱芒汀·奥丹分析说："是政治需求的变化导致了我党支持者的流失。长期的冲突、对右派的疏远使我们付出了沉重的代价。在 5 月 26 日之前，我们一定能重振旗鼓。"

科曼德指出："梅朗雄更愿意一意孤行，而不是稳固其领导地位。他拒绝扮演本属于他的历史性角色。"一位右派对手婉言道："梅朗雄完全有能力重返舞台，他没有放弃任何东西。他感兴趣的是 2022 年的总统大选。"

《巴黎人报》2019 年 3 月 31 日刊

七国集团内政部部长会议在法召开
法国内政部部长就多项议题发表看法

　　4月4日至5日，七国集团内政部部长会议将在巴黎举行。此次会议的讨论内容涉及恐怖分子威胁、对"圣战"分子及其家人的管理、打击网络传播恐怖主义、移民偷渡及环境犯罪等议题。会议前夕，法国内政部长卡斯塔内（Christophe Castaner）接受了法国《费加罗报》的采访，公布了法国面对这一系列问题的方针政策。

　　据悉，"伊斯兰国"（Daech）已经失去了在叙利亚的控制领地，但"圣战"分子又重新组织起来。当被问及七国集团将采取哪些具体措施打击马里、布基纳法索等国出现的小型哈里发组织（mini-califats）时，卡斯塔内表示，叙利亚一直受到潜在的各种武装组织的威胁，但目前的首要任务是要避免"圣战"分子的扩散。法国一直致力于联合叙利亚民主力量，做好地区维稳，预防恐怖主义再次抬头。他认为已逮捕的"圣战"分子必须受到制裁，而且此次七国集团的内政部部长们必须有一个协调一致的立场。

　　关于法国能否实施控制移民政策，卡斯塔内承认法国由于一直都有提供庇护的传统，因此面临较大的移民压力，但不应混淆了庇护和非法移民之界限。虽然法国近两年来已经驱逐了20%的偷渡者，但现状依旧不理想。2018年9月10日正式实施的《庇护移民法》进展困难，不过也提供了方法——如动员各省省长成为机制核心、推动建立外交网络等。同时，发展多边关系，帮助不同国家提高管控移民流入或流出的能力。

鉴于此次会议已经将环境犯罪问题纳入议程，卡斯塔内认为该议题面临"巨大"的挑战。环境犯罪是继毒品和仿制品交易之后，第三个利润巨大的犯罪行为。马克龙总统此前已经确定打击环境犯罪是法国的重中之重，必须从多角度来解决。如今，与环境犯罪相关的交易涉及非法砍伐森林、非法采矿、偷猎等。现在对于环境犯罪的打击都是专项专治，卡斯塔内希望此次会议能够提供实施更加全面的治理方法的可能，在联合国框架内制订一个统一的行动计划。

《费加罗报》2019 年 4 月 4 日刊

抽 签 方 式

——西方民主决策的新出路？

为应对"民主赤字"，此次全国大辩论按照人民陪审团的模式任命公民委员会，对重大问题展开讨论。在辩论结束时，政府和多数党仍在寻找缩小法国人民与政府之间的距离的解决方案，抽签方式应运而生，人们的注意力更多地集中在"人民创制权公投"上。抽签制度，作为选举的一种补充或替代办法，在很大程度上影响了辩论。

法国总统马克龙在1月中旬发布的《告国民书》中提出"让非当选的公民更多、更直接地参与公共决策"。在竞选期间，他计划委托一个抽签委员会每年为总统举行听证会，但这个项目到目前为止仍没有完成。"大辩论"曾两次使用抽签方式：首次是为组成咨询性区域议会，3月底在全国范围内抽取了超过1400人组成顾问团；第二次是经济、社会和环境理事会（Cese）随机选择了28位市民参与其工作中。为了确保样本的社会学代表性，这两次抽签都对抽样结果进行了修正。在这场"大辩论"的网站上，有一项关于"是否应该抽签选出公民，让他们参与公共决策？"的问卷调查，在33.5万名受访者中，有55%的人表示支持，31%的人表示反对。

对于支持者来说，抽签的好处在于它提供了一个非过分精英化且真正代表社会不同群体的样本，这是选举无法提供的一面真实镜子。尽管2017年的立法机构在很大程度上更新了国民议会的组成人员，引入了许多社会普通人员，但管理人员、专业人士和企业家的比例仍然过高，损害了工人的利益。

巴黎第八大学（l' Université Paris-Ⅷ）政治学教授伊夫·辛托默（Yves Sintomer）是抽签的支持者，他认为有关人员必须得到更多报酬，而不仅仅是得到工资。他还阐述了使抽签方式成功实施的部分条件，如主题选择应该足够精确；公众群体必须拥有相当翔实的材料，在"支持"和"反对"间保持相对平衡；参与者有能力领导听证会等。

《自由报》2019 年 4 月 10 日刊

圣母院之殇后，马克龙欲重振民心

由于巴黎圣母院大火，法国总统马克龙推迟了原计划于全国大辩论结束后发表的讲话及其关于五年任期第二阶段的重要指示。总统表示："特殊时刻特殊处理，要缓和民哀，把握讲话的节奏。"

4 月 16 日周二，爱丽舍宫以尊重哀悼时刻为由，拒绝承认和评价全国大辩论结果的"泄露"。马克龙总统当日在关于巴黎圣母院悲剧的讲话中承诺将解释此事。

据法新社取得的讲话内容副本来看，马克龙总统希望"重构法兰西民族的规划"。如果说在大辩论后期他表明不可能同时满足每个国民的个人诉求，也不存在立竿见影的解决办法；此次他却表明他"听见了"人民对于社会、地方、税收等诸多不公的愤怒并需要一个时机来表明他的理解。

在不改变政治路线的前提下，马克龙总统保证将继续已经开始的改革，并将 2025 年划为重要时间点。而且，他还准备调整改革方式和治理方法，突出"邻近化""简洁化"和"高效化"的准则，同时注入新的国民精神——本土自信。对于税收公平和购买力这两项中心议题，他计划削减中产阶级的个人所得税，并通过取消多项企业纳税优惠来弥补改革所造成的资金缺口。此外，他还支持征收巨额财产税（ISF），但强调如有需要会进行必要的调整和修正。对于退休人员，马克龙总统表示将按指数计算中低额退休金。

一位政府官员评价，总统"希望重新发挥社会伙伴的效力"，分享或分担相关重大新领域（如能源转换）的难题及成果。马克龙重申最大的不公是"命运的不公",他希望实现公共高层招聘方式多样化,并计划废除国立行政学校(ENA)和国立法官学校(ENM)。

一位部长指出:"马克龙奉行了他 2017 年大选时曾提出的根本原则:国立行政学校体系的变革,地区分权所体现的实用主义,以及其他的中心工作。"他还表示:"方法的变革不是关键,这也是为了平息民怨。"改革之路道阻且长。

《回声报》2019 年 4 月 17 日刊

欧洲议会选举：法国右派志在必得

　　由于巴黎圣母院于周一晚发生严重火灾，法国右派政党共和党（Les Républicains）决定取消原定于第二天在尼姆（Nîmes）举行的会议。周四，参加欧洲议会选举的法国共和党领导人弗朗索瓦-格扎维埃·贝拉米（François-Xavier Bellamy）在马恩（Marne）参观了一家葡萄酒合作社和一个香槟农场，随后召开媒体见面会，会见其所在政党的代表；并借此机会在社交平台推特（Twitter）上呼吁总统马克龙在重建大教堂时要"表现出一点谦逊"，并警告他小心破坏分子。

　　毫无疑问，右翼不会允许国家元首利用这一"考验"以及由此引发的情绪，将总统个人抬高成"国家之父"。共和党的高级官员对于这个问题的看法一致（例如，他们希望在条约中加入欧洲的"犹太-基督教根源"），并认为必须通过强调"价值"和"身份"来增强其在欧洲议会选举中的力量。

　　共和党主席洛朗·沃基耶（Laurent Wauquiez）评论道："突然间，所有人都意识到文明是脆弱的。当圣母院着火时，燃烧的是整个法国。因为它是我们的根，是我们为之奋斗的目标的悲剧性和可触碰性的化身，它赋予了我们所承载的信息与意义——为欧洲文明重建一个未来。"贝拉米极力强调："欧洲是一种文明，而它现在正面临从历史中消失的危险。"在 4 月初的电视辩论中，他选择了《伊利亚特》（ L' Iliade ）和《奥德赛》（ L' Odyssée ）作为欧洲的象征。法兰西岛大区（la région lle-de-France）副区长阿涅斯·埃夫伦（Agnès Evren）认为"保卫欧洲就是保卫文明，这是一个对选民非常重要的问题"。

到目前为止，右翼以损失尼古拉斯·杜庞-艾格南（Nicolas Dupont-Aignan）为代价占了上风。但在投票前五周，仍只获得13%到14%的选票，这与弗朗索瓦·菲永（Francois Fillon）2017年曾在第一轮总统选举中获得的20%的支持率相去甚远。贝拉米表示："问题不在于让那些决定投票给马克龙的人改选我们，而在于说服那些曾支持菲永但现在准备弃权的人再次选择我们。"

《回声报》2019年4月21日刊

法国总理爱德华·菲利普公布改革日程

4 月 29 日，政府各位领导齐聚，在马提翁宫共进晚餐。会上宣布了接下来几个月政府的工作安排：权力下放"新行动"，重新推进宪政工作，退休与养老改革，降低个人所得税等——法国总理爱德华·菲利普（Edouard Philippe）需要将所有亟待解决的问题进行分类。政府日程同时受到季节的限制：春季假期多，又正值欧洲选举；夏日迎来长假；秋天讨论预算。

会后菲利普宣布了内阁自本周至七月末的计划：签署对弗雷德里克·蒂里耶（Frédéric Thiriez）的委托书，公共高层人员改革，以及审计法院关于打击偷漏税的改革。

5 月 26 日欧洲选举结束后政府才能集中进行改革，因此 6 月将格外繁忙。首先是公共服务和地方行政区改革——菲利普将召集议员及相关组织讨论，在最短时间内将各地的公共服务处（Maisons de services au public）改为"法国服务社"（Agence France Service）。随后直至 12 月政府将陆续进行简政放权，避免权力集中；修订共和国地方新组织法（NOTRe）；敲定市政府雕像事宜等。此外，6 月期间还将公开失业保险新条例，对未来削减个人所得税进行相关说明。

自 6 月起，由马克龙总统领导，同 5 月抽签选出的 150 名公民组成的新"生态保护委员会"（Conseil de défense écologique）将围绕"能源脆弱性"和"半城市化地区流动性"进行为期 6 个月的讨论。由于夏初工作量巨大，高级专员让-保罗·德勒瓦（Jean-Paul Delevoye）对重构退休改革的建议将至少延期一个月公开。

7 月长假开始前，行政部门将具体化对单亲家庭、护理人员的补助办法。宪法草案和生物伦理法修订方案也将提交部长会议讨论，并将全国大辩论的结果纳入考虑。对于生物伦理法，菲利普证实说该方案在 2019 年政府工作计划之内，它包含了马克龙总统多次提及却数次推迟的医学辅助生育（PMA）的措施。

为确保国民议会的多数席位，马克龙总统计划于今晚邀请多数党议员以及国务秘书杜索普特（Olivier Dussopt）就从春季到秋季开展的一系列改革进行讨论。

《自由报》2019 年 4 月 30 日刊

纪念达·芬奇逝世 500 周年，
法国总统颂扬法意百年友谊

尽管马克龙总统面临复杂的国内情况（即将到来的欧洲议会选举、国民大辩论、一波未平一波又起的"黄马甲"运动和巴黎圣母院火灾的后续解决方法等），公众舆论也因此不断转移焦点，争议不断，但这并不妨碍总统进行新的战略部署。

本周四傍晚时分，马克龙总统和意大利总统塞尔吉奥·马塔雷拉（Sergio Mattarella）同 500 名法国及意大利学生进行亲切会晤。当两国总统从香波古堡（Chambord）著名的双舷梯走下时，斯卡拉剧院（la Scala）的儿童合唱团表演威尔第（Giuseppe Verdi）的著名曲目《飞吧，思想》（*Va, pensiero*），仿佛使人又回到了弗朗索瓦一世（François Ⅰ）曾在的古老城堡。

5 月 2 日，法国决定举行达·芬奇逝世 500 周年纪念活动，马克龙总统颂扬这位《蒙娜丽莎》的作者和文艺复兴时期杰出的科学天才，这无疑在反欧洲言论增生的时期释放了积极的信号。纪念日当天，他在达·芬奇埋葬地昂布瓦斯（Amboise）强调法意友谊持续百年，希望借此缓和近来法意政府之间的矛盾。

"法意两国及人民之间的纽带是牢不可破的，它比我们如今政府间的关系更坚固、更深厚。"马克龙总统在克劳斯·吕斯城堡（Clos Lucé，达·芬奇在此度过了他生命中的最后几年）发表讲话。意大利总统也表示赞同："我与马克龙总统都认为，法意友谊能经受住一切考验。"

这是马克龙第一次以总统身份来到香波古堡（此前他以私人名义来

23

此庆祝过 40 岁生日）。马克龙常常在重要的名胜古迹开展外交战略——如邀请跨国企业总裁们齐聚凡尔赛宫，同沙特王储穆罕默德·本·萨勒曼（Mohammed Ben Salman）共赏卢浮宫，邀请美国总统唐纳德·特朗普（Donald Trump）参观荣军院（les Invalides）及埃菲尔铁塔，此次马克龙又一次选择法国的标志建筑来接见意大利总统。

纪念活动结束后，宇航员托马斯·佩斯克（Thomas Pesquet）总结道：“艺术、科学和文化能够超越国界，将我们紧密相连，而达·芬奇是第一位懂得这个道理的人。如果他是现代人，也许会成为一名欧洲宇航员。”

《费加罗报》2019 年 5 月 3 日刊

右派代表杰罗姆·佩拉特加入爱丽舍宫

人民运动联盟（L'UMP）前任首席执行官、拉罗克-加盖亚克（La Roque-Gageac）市长杰罗姆·佩拉特（Jérôme Peyrat）继协助法国前任总统希拉克（Jacques Chirac）和萨科齐（Nicolas Sarkozy）之后，将加入现任总统埃马纽埃尔·马克龙的幕僚团队，并于本周正式开始工作。

据一位"共和国前进"党成员称，在某种程度上，新世界必须管理旧世界，因此需要两者相应地配合起来。"但如今马克龙得到的教训是'新世界并不存在'，因为法国人希望在已有基础上进行连续递进的改变而非突然的转变。"一位共和党代表纠正道。

56岁的佩拉特是爱丽舍宫政治中心的第四名新成员。正如《费加罗报》（Le Figaro）在5月初披露的那样，国家元首决定加强内阁政治和议会中心的力量，其中包括对丽贝卡·佩雷斯（Rebecca Peres）、菲利普·格兰金（Philippe Grangeon）、马克森斯·巴雷（Maxence Barre）和朱利安·奥特莱特（Julien Autret）的任命，这些举措巧妙地将科技和政治、中间偏左力量和中间偏右力量结合了起来。

"黄马甲"危机凸显出国家元首缺乏"与地方沟通的中坚力量"所产生的弊病，故而此次佩拉特的任命以及阿兰·朱佩（Alain Juppe）在初选期间提供的支持皆旨在填补这一空白，使爱丽舍宫能够在2020年市政选举之前与地方民选代表重新建立联系。

一名当选代表表示："马克龙寻求右派的绝对支持，并能拥有来自当选代表的关系网，无论是国家还是地方的。在国家元首缺乏至少15—20年政治家经验的情况下，佩拉特将竭尽全力帮助马克龙在这一方面取得成功。"萨科齐的前顾问弗兰克·卢韦耶（Franck Louvrier）认为："对共和国总统来说，这是一个好消息，因为佩拉特带来了他对地方和民选代表的了解，以及他的关系网。"

如果佩拉特继续担任"大胆法国"（La France audacieuse）（法国公民社会组织）的成员，那么他将不再履行之前的职责，也不会与尼斯市长克里斯蒂安·埃斯特罗斯（Christian Estrosi）及该组织的其他成员一起出席将于 6 月 12 日在波尔多举行的市政活动。

《费加罗报》2019 年 5 月 13 日刊

巴黎荣军院举行葬礼
向两位牺牲军人致敬

5月14日上午11点，法国国家元首马克龙将在巴黎荣军院为两位牺牲的军人主持国葬。此前，当地时间9日晚到10日凌晨，法国海军特种兵为解救人质，在非洲国家布基纳法索（Burkina Faso）与武装势力交火，33岁的塞德里克·德·皮埃尔蒙特（Cedric de Pierrepont）和28岁的阿兰·贝尔顿塞洛（Alain Bertoncello）在作战中牺牲。13日下午，海军上将克里斯托夫·普拉扎克（Christophe Prazuck）为两名特种部队成员授予军事荣誉，并为其颁发军事勋章。

总统马克龙在社交网站推特上写道："他们是为解救他人而献出了自己的生命。"巴黎军事长官布鲁诺·勒·雷（Bruno Le Ray）将军邀请民众于葬礼当日上午10点在亚历山大三世大桥（Alexandre Ⅲ bridge）上加入送葬行列，以表达对逝去军人的缅怀。法国国防部部长弗洛伦斯·帕尔丽（Florence Parly）也发出了同样的呼吁。

国防问题专家贝内迪克特·雪隆（Bénédicte Chéron）指出，由于亚历山大三世大桥面对着荣军院，所以前来悼念的人群逐渐从香榭丽舍大街转移过来。起初，很少人会参加这种送葬仪式，但在2019年4月初为军医马克·莱库亚斯（Marc Laycuras）举行葬礼时，几百人来到了现场，其中包括许多军队卫生服务人员。考虑到这两位牺牲的军人激发了民众更深重的情感，此次可能会有更多人参与到送葬队列中来。

由于出席葬礼的突击队成员必须保持匿名状态，所以公众不能进入到荣军院中，但人们可以通过观看荣军院前空地上的大屏幕电视转播，向两位军人的遗体告别。国葬将持续一个小时，两副灵柩由一条"救生带"连接，象征着两位军人的命运。葬礼演讲后，总统马克龙将在荣军院休息室与家属进行交谈。

截至周一晚，两位牺牲的军人所属的于贝尔特种部队为他们募集了74000 欧元。由皮埃尔蒙特的朋友发起的募捐活动筹集的金额超过了24000 欧元，这笔金额将会捐赠给这位牺牲者的母亲。

《费加罗报》2019 年 5 月 14 日刊

移民危机，欧洲的慢性毒药

2015 年有近 100 万非法移民进入欧洲大陆，4 年过去了，欧盟各成员国对如何解决这一危机仍意见相左——是打开大门还是封闭国界？"这场危机对欧盟而言是一剂毒药。"一位欧洲外交官如是说。

2018 年，非法移民降至 15 万人，申请避难者数量为 58 万人，比 2015 年大幅减少。移民压力的减轻得益于欧盟委员会（Commission Europécnne）采取的多项措施：为移民来源国项目提供经费，加强欧盟国家边防，签署重新接纳移民协议等。欧盟第一次将自己封闭起来，希望对周边的第三世界国家（如土耳其、利比亚等）的移民采取相应管控措施。

因此，如果利比亚移民"暴增"或者欧盟与土耳其的关系进一步紧张，欧盟 28 国将无力应对新的移民危机。法国难民保护局（Ofpra）前局长帕斯卡尔·布瑞斯（Pascal Brice）说："我认为欧洲在移民和申请避难问题的处理上一贯软弱。"此番评价也说明大家对现有体制缺乏信心。申根国家的五个成员国——德国、奥地利、瑞士、挪威和丹麦——至今仍严守部分国界线（或许还应该加上饱受恐怖主义威胁的法国）。

事实上，造成 2014 年至 2016 年间欧盟内部困难的根源问题至今仍未解决，尤其是《都柏林公约Ⅲ》（Dublin III）的履行问题。该公约由 26 个申根国家签署，规定必须在首个接纳国审查申请避难者的有关材料。在危机时刻，这类责任规定难以为继。本应在责任归属和共同履行方面进一步修订条约内容，但欧盟成员国很难就此达成一致。

对此，欧盟已将这些敏感议题列入 6 月末关于 2019—2024 年的战略议程中。法国总统马克龙在周二呼吁改革现有体制并提出："缩小申根国家范围以更好地保护共同边界，统一各国避难法并成立由各内政部长组成的委员会。"

显然，马克龙总统是在向欧洲各国领导人喊话，尤其是对匈牙利总理欧尔班·维克托（Orban Viktor）。"匈牙利人和葡萄牙人认为申根制度是基础。但在欧洲层面上，共同履行避难法也是基础。对于《都柏林公约》和统一避难法，如果各国不愿承担相应的责任，将会带来很多不良后果。"

《费加罗报》2019 年 5 月 22 日刊

欧洲议会大选法国选票结果：
"极右党"领先，马克龙受挫

　　欧洲议会大选落下帷幕，法国选票结果的出炉让人大吃一惊。这是继法国国内危机和全国大辩论后，议员五年任期里的第一次投票选举，法国民意变化比预期更大：调查显示，投票参与率为51.7%，比近年的欧洲议会选举甚至2017年的国内议会选举的参与率都高。因此整个周日，各党派的领导班子都想知道最终哪个党派能从高参与率中获利并最终领先。

　　结果显示，"极右党""国民联盟"升居第一，获得24.2%的支持率；与2017年的结果截然相反，马克龙领导的"共和国前进"党这次败下阵来，以22.4%的支持率仅列第二。身为欧洲议会选举的全国集会代表，同时也是"国民联盟"一员的乔丹·巴尔德拉（Jordan Bardella）评价："这表明了民意对当局政府的不满，后者无疑是失败的。"但爱丽舍宫方面表示，在经历了"黄马甲"危机和其他政党打压选票的双重困难下，"共和国前进"党仅以不到两个百分点落后，这也算是一个"荣耀的成绩"。总统的一位亲信也表示："在总统个人饱受质疑时，他所在的政党还是拥有超过20%的投票率，这已经是优秀的战绩了。""国民联盟"则希望不再重蹈党首勒庞在总统选举中的覆辙，其支持率虽然暂居第一，但与2014年24.86%的成绩相比，仍旧走低。相比之下，右派曾经的大党共和党则遭遇滑铁卢，与2014年20.81%的支持率相比，此次选举结果仅为8.5%。

　　在左派方面，"欧洲生态绿党"的表现令人惊喜，以12.7%的支持率位列第三，这是"绿党"在欧洲议会选举的历史上第二次超过 10% 的支持率。其领袖扬尼克·雅多（Yannick Jadot）对此表示祝贺："我们是欧洲绿色浪潮的参与者。"左派其他政党的支持率则相对分散：法国社会党-公共广场政党的联盟与"不屈法国"党不分伯仲，均获得 6.2% 的支持率。这对让-吕克·梅朗雄（Jean-Luc Mélenchon）来说是一次失败，但却让社会党松了一口气，对后者来说，一切亟须重建。

《回声报》2019 年 5 月 27 日刊

法国总统重启修宪进程

"贝纳拉事件"（affaire Benalla）、"黄马甲"危机和"全国大辩论"（le grand débat national）后，法国总统马克龙尝试为其任职期重新注入活力。他打算开启新一轮改革进程，同时重启尚未完成的系列工作，例如2018年7月由于"贝纳拉事件"曝光过早而中止的机构改革。为了加快进展，总统委托总理菲利普处理宪法修订的相关问题。

宪法修订草案贯彻两个理念：第一，不忘共和国总统的初心；第二，提供与参议院右翼多数党派达成一致意见的途径，以便在宪法文案完成之前获得3/5以上的参议员赞成票。政府方面坚持减少议员人数，在立法机关内实施比例代表制，限制连任，以及改革经济、社会和环境理事会。尽管新版宪法包含了总统竞选的"基本要素"，但其目的在于消除障碍，促进政府与参议院达成协议。因此，政府删减了宪法修订中与议会制度有关的内容，让两院自行进行改革，以确保议会工作的顺利进行。此次宪法修订还包括其他一些要点，例如领土划分及建立全民投票框架的相关条例。

此外，政府原本计划削减30%的参议员，后改为25%，限制连任的条件对居民人数少于9000人的城市市长和居民人数少于25000人的市镇领导予以放宽。但参议会议员仍认为这一人数削减幅度过大，并认为"限制连任本身就不可接受"。据总理亲信透露，参议院确实有能力阻止宪法改革的进程，但修宪完全没有回旋的余地。法国参议院议长热拉尔·拉尔歇（Gérard Larcher）承诺将与政府合作，最终达成一项让双方都满意的协议。然而，多数党派仍然对此表示怀疑，简而言之，他们担心参议院会让政府陷入困境，最终让行政部门无法实施改革计划。在这种情况下，参议院必须警惕，避免陷入故步自封的境地。

《世界报》2019 年 6 月 1 日刊

孤立无援，梅朗雄面临下台？

自"不屈法国"党欧洲议会选举惨败之后——支持率仅为6%，与社会党相当，其党首让-吕克·梅朗雄虽不乏最初支持者，但仍陷入孤立无援之境。竞争、算计、背叛，让"不屈法国"党内的氛围很沉重。梅朗雄无能为力，没法再使其保持团结。

然而对于他的大多数亲信而言，他是唯一一位能胜任党首的人选。无论如何，他长期以来所显示出的国家领袖才能为人所认可——巴黎圣母院起火的夜晚他发表的动人演说，以及中校阿尔诺·贝尔特莱姆（Arnaud Beltrame）牺牲的第二天他振聋发聩的致辞都是证明。

"党内已经支离破碎了。重建秩序，必须保持梅朗雄的力量的稳固。"一位高层人士评价。"五十年后我们一定会像提起让·饶勒斯（Jean Jaurès）一样提起梅朗雄。""不屈法国"党议员埃里克·科克雷尔（Eric Coquerel）断言。

夏洛特·吉拉德（Charlotte Girard）一度被认为是"不屈法国"党在欧洲议会选举中的党首候选人，目前却成为党内另一股反对势力。她提出目前应以处理党内争端为重，而不是"向媒体包装自己"。这是针对梅朗雄及他的支持者们的话，但她并不指名道姓。2022年总统大选的候选人之一克雷芒蒂娜·欧坦（Clémentine Autain）亦是如此，即使对梅朗雄"冲突逻辑（la logique du clash）"的公开反对使她成为党内异端，她也很少提及他的名字，并认为梅朗雄"经常表现得像是氏族家长，而不是政党领袖"。

经历了司法检查缠身、数次停职、政治事务混乱的一年，欧洲议会前社会党议员埃玛纽埃尔·莫雷尔（Emmanuel Maurel）提议让梅朗雄暂时退居二线进行休整。"让-吕克是 2022 年总统选举我们最好的人选。他是左派中最优秀的政治人物之一，应该养精蓄锐。"

梅朗雄承诺将在 6 月 23 日国民议会前对欧洲议会选举作总结报告。作为"不屈法国"党未来总统候选人的首选，他党内的支持率近 20%。很少有人能想象梅朗雄会真正退休，结束其政治生涯，即使是他的亲信们也不相信他会放弃这一切。

《费加罗报》2019 年 6 月 8 日刊

法美两国领导人重申跨大西洋关系

6月6日，法美两国领导人在法国北部科勒维尔（Colleville-sur-Mer）美军公墓，共同纪念诺曼底登陆（D-Day）75周年。马克龙与特朗普共同强调了跨大西洋伙伴关系，特别是法美两国之间的联系。随后，二人在卡昂（Caen）举行会晤，再次重申了两国之间友谊长存。不过，尽管此次会晤的目的是为了表明法美关系重回常态，但两国在众多议题上还是存在着分歧，比如伊朗问题、国际贸易问题、环境问题等。

当天，马克龙在奥马哈海滩（Omaha Beach）上的讲话中说道："美国，当她为他人的自由而战时是如此伟大！当她坚守父辈曾守护的普世价值时是如此伟大！"同时，他强调"必须让自由之民联盟继续焕发生机"，并举例说明如联合国、北大西洋公约组织、欧盟。随后，特朗普也进行了发言，表明了美国与各盟国之间的联系"坚不可摧"。

然而，在这些声明背后，还是存在各种分歧。比如伊朗问题，美国方面退出了2015年7月通过的伊朗核协议，单方面制定制裁措施，意图给予伊朗方面最大的压力。而法国及英、德两国则希望说服伊朗继续留在核协议中。不过，法国方面也承认法美双方虽然方法不同，但有着共同的忧虑。"我们必须确保伊朗政府不会装备核武器，减少弹道试验活动，牵制伊朗方面的地区活动，特别是第四个目标：维护地区和平。"马克龙说道。

但正如马克龙总统所说的，这四个目标只能经过"协商"来实现。爱丽舍宫方面承诺会在这个关键时刻创造"降级缓和"的条件。特朗普政府也必须时刻记得自己的责任，商谈出"一个更好的协议"。总之，法方希望美方在不断变换立场的情况下依然能履行承诺。

　　此次，法美两国领导人在相互信任的气氛中进行了会谈。爱丽舍宫方面强调："虽然议题繁复，但双方仍有共同协作的余地。"

《世界报》2019 年 6 月 18 日刊

部门委员长名单确定　欧洲议会步入正轨

新一届欧洲议会（Parlement Européen）各部门委员会（commissions parlementaires）于本周三正式确定了委员长人选，法国人帕斯卡尔·康凡（Pascal Canfin）将担任环境部门委员长。

欧洲议会新一任领导班子包括 7 个党团，各党团成员人数不少于 25 人且至少来自 7 个国家。由奈杰尔·法拉奇（Nigel Farage）领导的 29 名脱欧议员和 14 名意大利五星运动党成员将以独立人士的身份出现在议会中，但他们并未被邀请参加 26 个议会部门委员会领导人的席位分配大会。欧洲右翼政党是人数最多的党，欧洲人民党理所当然地被分配了最多的部门委员长席位，包括外交、工业和宪法事务方面。而欧洲社会党将负责经济事务委员会和国际贸易委员会。欧洲复兴党成员之一——法国"共和国前进"党从绿党手中夺得了环境委员会的领导权，该党团主要领导人娜塔莉·卢瓦索（Nathalie Loiseau）还将担任国防及安全委员会委员长。由马泰奥·萨尔维尼（Matteo Salvini）领导的北方联盟和马琳·勒庞（Marine Le Pen）领导的国民联盟党构成的欧洲自由民主党团本被任命领导农业与法务委员会，但绿党、欧洲社会党和欧洲复兴党仍准备在 7 月 8 日于布鲁塞尔（Bruxelles）举行的部门委员长正式投票中集体否决他们的提名。

据一位内部人士透露，起初关于环境转型和移民问题的讨论进展较为顺利，但自从欧洲人民党主要领导人曼弗雷德·韦伯（Manfred Weber）被大部分欧盟国家领导人以及欧洲议会中间派、欧洲复兴党和欧洲社会党否决以来，欧洲人民党一直在阻碍讨论的进程。据悉，若 28

位欧盟国家领导人在本周日还无法确定欧洲委员会（La Commission）、欧洲议会及欧盟外交（la diplomatie européenne）的最终负责人人选，欧洲议会将会在 7 月 3 日正式开启议长选举进程，考虑到议长人选须权衡地理、政治与性别多方面因素，其选举过程将比新一届欧委会主席的选举更为复杂。

《回声报》2019 年 6 月 28 日刊

市政选举："共和国前进"党与民主运动党联盟陷入紧张状态

在经历了马克龙上任初期的复杂状况、欧洲议会选举的蜜月期之后，"共和国前进"党与民主运动党之间的关系由于2020年3月举行的市政选举再次变得紧张。双方产生了诸多分歧，为维护各自的利益而相互较量。

首先是时间安排上的出入。"共和国前进"党于6月17日公布了其19位首要候选人名单，7月1日须进行第二轮提名，而民主运动党直到9月才会揭晓其人选名单，以留出充足的时间让候选人争取当地的支持。

此外，双方在候选人人选方面也有分歧。在某些地区，民主运动党希望继续支持任期已满的市长，而"共和国前进"党倾向于推举自己的候选人。尤其是在波尔多，两党选出了各自的候选人："共和国前进"党将推举部际代表、马克龙的亲信托马斯·卡泽纳夫（Thomas Cazenave），民主运动党方面则有意继续支持现任波尔多市长尼古拉·弗洛里安（Nicolas Florian）。

两党都承认双方不是在所有事情上都统一战线——"在绝大多数情况下我们的意见是一致的，但有时也会有各自的看法。""共和国前进"党的一位领导人说。"我们尽可能达成共识，但当在地方的利益及诉求不同时，我们也会注意在互相尊重的前提下进行竞争。"民主运动党的一位领导人帕特里克·米纽拉（Patrick Mignola）表示。

而"共和国前进"党的做法也有一些问题——与前者的做法不同，在民主运动党领袖弗朗索瓦·贝鲁（François Bayrou）及其支持者看来，候选人的选择应因地制宜，而不是在国家层面选择候选人，其在各地区的根基以及号召力才是最重要的因素。

此次事件让"共和国前进"党开始重新估量依靠中间党势力来保持多数党地位的决策。按照其官方说法，民主运动党不仅是伙伴，更是盟友。但"共和国前进"党党内则认为这个同盟的重要性在日益减小。一位议员认为："我们与行动党、激进分子或正在形成的极左翼势力合作，这使得与民主运动党的同盟不再具有特殊性。"

《世界报》2019 年 6 月 30 日刊

欧盟迎来女性掌舵时代

7月2日，欧盟各国关于机构领导人人选长达月余的协商尘埃落定。新一届欧盟委员会成为欧盟史上男女比例最平衡的团队，在27名团队成员中，包括主席乌尔苏拉·冯德莱恩在内，共有13名女性成员和14名男性成员。

根据欧洲理事会的决定，德国国防部部长乌尔苏拉·冯德莱恩和法国经济和财政部部长克里斯蒂娜·拉加德（Christine Lagarde）将分别担任欧盟主席与欧洲中央银行（BCE）行长。欧盟最高领导层两个关键职位将首次皆由女性出任，打破了60多年来男性在欧盟机构高层的主导地位。

据悉，法国总统埃马纽埃尔·马克龙在协商陷入僵局之时，提议让冯德莱恩成为让-克洛德·容克（Jean-Claude Juncker）的接班人。会讲法语且对法国友好的冯德莱恩在欧洲防务上与马克龙有着相近的观点，双方都有建立"欧洲联邦制"的倾向。作为交换，此前担任国际货币基金组织总裁职务的法国人克里斯蒂娜·拉加德将被任命为欧洲中央银行行长。当前，债务危机持续升级，金融市场动荡不安，该职位对欧洲经济社会有着举足轻重的影响。马克龙通过此举不仅宣扬了国威，还促进了欧洲一体化进程。

匈牙利总理维克多·奥尔班（Viktor Orban）也在一定程度上促成了此次机构领导人人选的协商结果。自弗兰斯·蒂默曼斯（Frans Timmermans）出任欧委会第一副主席以来，多次指认波兰和匈牙利侵犯公民权利。因此在奥尔班的鼓动下，维谢格拉德集团（Visegrad）阻止蒂默曼斯在此次欧委会主席竞选中当选。

　　尽管冯德莱恩在社会层面是一位进步主义者，但整体上，她和拉加德这两位女性领导人都偏向于保守的执政方针。人们理想中的欧洲不是一天之内就可以建成的，但它正朝着正确的方向迈进。总体来说，此次欧盟各国关于机构领导人人选的协商结果称得上是一则喜讯。

《自由报》2019 年 7 月 3 日刊

法国"共和国前进"党：
横向民主运动的纵向等级管理模式

2016 年 4 月，马克龙创立"共和国前进"党时，曾意图"以不同方式执政"并建立一个"公民政治运动"，宣扬公民在民主抉择上更强的社会参与性。他的本意是建立一个横向民主的管理模式，通过"放权"来吸收更多民意。然而三年过后，一位负责人表示："由低到高"的基层民主，已然演化成了"由高到低"的高层决策。

"金字塔"型的管理模式让马克龙主义很难建立真正的党内民主，尤其是在职位分配方面。2018 年 12 月 1 日，斯坦尼斯拉斯·奎里尼（Stanislas Guerni）以绝对优势当选为"共和国前进"党的党魁。一年以前，克里斯托弗·卡斯坦纳（Christophe Castaner）也是第一轮选举中唯一的党首候选人。

是什么让"共和国前进"党给人一种故步自封的印象，以至于党内的基层积极分子无法表达意愿？巴黎政治学院政治研究中心（Cevipof）的研究员布鲁诺·卡特雷斯（Bruno Cautrès）分析："由于是新成立的政党，与依靠地方联盟的社会党不同，'共和国前进'党缺乏地方力量与分支，仍旧是'自上而下'的纵向运作模式。"

两年以来，许多党内人士强烈反对"内部民主的缺乏"——2017 年 7 月，30 余人质疑他们在党内的地位与实权，认为自己被限于"支持者"的角色。四个月以后，百余人宣布离开"共和国前进"党，表示"该党派触犯了民主的根本原则，仍在以一种旧政权的组织模式来管理新的政党"。

这些警告不容忽视。"共和国前进"党在瓦勒瓦兹（Val d' Oise）的代表欧雷里安·塔歇（Aurélien Taché）表示："建立更能体现集体决策、更加民主的管理模式，重启党内辩论是建立政治力量的唯一方式。如果党内积极分子觉得诉求无法表达，他们就会选择离开。"巴黎的议员胡格·雷森（Hugues Renson）呼吁："不要忘了我们的初衷，我们已经承诺要'以不同方式执政'，这也是我们应该一直重视的宗旨。"

《世界报》2019 年 7 月 9 日刊

伊朗核问题：法国艰难调解美伊矛盾

联合国安理会于 2015 年通过伊朗核问题协议（l'accord de Vienne），旨在遏制伊朗发展核力量。本月初，伊朗中止履行该协议，美伊两国间的矛盾不断激化升级。

去年 5 月，美国政府单方面退出伊朗核问题协议，并于今年 4 月 22 日加大对伊朗的制裁力度。伊朗于 7 月初作出反击，突破了该协议中规定的低浓缩铀库存上限。本月 10 日，美国总统特朗普威胁将对伊朗实行新一轮的严酷制裁，伊朗军舰随即在霍尔木兹海峡处拦截下一艘英国油船，英国皇家海军巡防舰（HMS Montrose）随后介入该事件。面对美国的"压力最大化"策略，伊朗采取了"抵抗最大化"措施。伊朗外交部部长穆罕默德·贾威德·扎里夫（Mohammad Javad Zarif）表示："伊朗绝不会被迫进行协商。"此外，伊朗希望其反击措施能够给伊朗核问题协议的其他签署国，尤其是给欧洲国家制造压力。

为避免局势恶化并促使伊朗重新全面遵循伊朗核问题协议，法国外交政策顾问埃马纽埃尔·博恩（Emmanuel Bonne）在总统马克龙的授意下，于本月 9 日再次前往伊朗进行新一轮调解工作。埃马纽埃尔·博恩与伊朗总统哈桑·鲁哈尼（Hasan Rohani）、伊朗国家最高安全委员会秘书阿里·沙姆哈尼（Ali Shamkhani）及伊朗外交部部长扎里夫就相关问题进行了会谈。

为平息紧张局势，马克龙与鲁哈尼进行了多次通话。法方在此次伊朗核问题调解中发挥着领导性作用，得到了伊方的认可。与此同时，马克龙同特朗普也进行了两次长时间的交流探讨，由于美法两国对伊朗核问题协议的局限有着同样的担忧，所以法方的中间调解行为也得到了美方的理解。白宫方面表示："为阻止伊朗发展核武器和重建中东地区的稳定局面，仍需密切关注事态发展且继续付出努力。"同时，法国总统指出："尽管目前调解暂未取得进展，但如果我方不采取行动，未来几周可能会爆发十分严重的国际性危机。"

《世界报》2019 年 7 月 13 日刊

科西嘉与法国本土迈出共同前行第一步

在科西嘉民族主义领导人与法国本土中断高层交往几个月后，7月3日至4日法国总理爱德华·菲利普的到访标志着重启对话的第一步。自4月4日法国总统马克龙与科扎诺（Cozzano，位于南科西嘉）的议员们辩论后，民族主义者拒绝再与其会面，马克龙也拒绝了科西嘉行政区（CdC）的邀请。

这是法国总理第一次来到科西嘉岛。周二在巴斯蒂亚（Bastia）曾经的省政府办公大楼，总理与行政委员会会长吉尔·西梅尼（Gilles Simeoni）和科西嘉议会议长、独立主义者让-盖伊·塔拉莫尼（Jean-Guy Talamoni）进行了一小时的会谈。谈话结束后，两位领导人认为当局没有回应他们的政治诉求。

尽管如此，西梅尼还是随部长们一道前往了市政府，随后在巴斯蒂亚博物馆签署了地区投资协议及不稳定性贫困保护协议。西梅尼发言称："不从政治层面考虑科西嘉问题将带来失败的风险。"但他同时相信能找到兼顾双方利益的开放之路。

总理认为"为了科西嘉的未来，必须进行高质量对话并满足具体需求"，还援引了科西嘉城市化及能源供应问题作为案例。他还强调科西嘉需要制订改造及投资规划来接替2020年年底到期的特别投资计划（programme exceptionnel d'investissements，PEI），由国家承担最多70%—80%的补贴费用，以此来开启全新的五年。西梅尼表示："纵使开放的信号微弱且不确定，它仍然是鼓舞人心的。"

此外，在有关城市化的市长会议上，菲利普和西梅尼联合应对解决文件及条款执行困难的问题。"我希望通过这次参与来证明我愿意进行对话,"西梅尼于周四表示,"这次会议取得了积极成果。事情有了进展,我们进入了务实、开放的阶段。"菲利普也提到:"我希望能就具体议题开展高质量对话,如果出现分歧,双方愿意共同探讨。"

西梅尼总结道:"自此团结一致有了保证。"两位领导人似乎十分有默契,多次握手互相微笑致意也说明了这一点,双方终于迈出了共同前行的一步。

《世界报》2019 年 7 月 16 日刊

休假结束：法国总统马克龙谨慎推进改革

经历了 2018 年的多事之秋后，今年休假结束后法国总统马克龙与总理菲利普计划在行政上展现出更多的灵活性。"我们会从去年 9 月以来的失败中吸取教训，少一些激进，但仍保持果敢。愿意付出更多时间去完善议题或与各方沟通。"总理身边的知情人士如是说。

马克龙在执政第一年接连推出一系列改革措施，去年秋天又忙于应对各种负面情绪——尼古拉·于洛（Nicolas Hulot）和热拉尔·科隆（Gérard Collomb）这两位政府重要成员相继离职，以及"黄马甲"危机的爆发。因此当局必须从过去的经验中吸取教训，马克龙也已准备采取相关行动应对各方对他的非难。

改革分寸的把握将首先体现在退休改革上。高级专员让-保罗·德勒瓦准备在 2019 年年底的部长会议上提交相关议案。"退休改革关系到每个法国人，因此它也使很多民众感到担忧。"马提翁官方面表示："不论最终方案如何，总会有人不满，我们必须能解释和打消疑虑，同时也要尽量避免过于技巧化和套路化的方式。"

与此同时，不要被民意调查中支持率的小幅上涨所迷惑。总理友人认为："环岛上再没有'黄马甲'的身影，民意调查结果差强人意并不意味着国家已经摆脱了社会危机。"政府发言人西伯斯·恩迪亚耶（Sibeth Ndiaye）也强调："在任期第二年开启之际，我们采取了一系列措施来重振购买力。但我们清楚地认识到，很多问题还没有得到解决，社会危机根深蒂固。9 月我们将谨慎地推行退休改革和医学辅助生育（procréation médicalement assisté，PMA）的相关法案。"

为了避免重现 2013 年同性恋婚姻合法化时的混乱局面，马克龙总统对于医学辅助生育的全面开放十分慎重。近期，他下命令说："不要让政治过多干预社会问题，在这些问题上不存在输赢。所谓的分寸正是体现于此，至少是在言语上。"一位高级议员总结道："9 月的工作不会容易，在这个节点绝不能出差错。"

《星期日报》2019 年 7 月 28 日刊

马克龙普京会面：法俄谈话举步维艰

法国总统马克龙 8 月 19 日在夏日官邸布赫加侬城堡（Fort de Brégançon）会见俄罗斯总统普京。在双方的讨论中，尽管普京在乌克兰冲突议题上有所妥协，但在莫斯科反政府势力镇压和叙利亚问题上仍旧毫不让步。马克龙本希望这次会谈能成为"重建欧盟与俄罗斯安全信任架构"的奠基石，但很明显，讨论法俄关系的"重启"还为时尚早。

两国元首无法避免地，谈到了莫斯科当局对反政府势力的大规模镇压以及由此引发的人权问题。普京表示："公民有权以和平方式示威，但无权触犯法律以及与军队警察对抗。"他甚至借此回驳马克龙："不是只有俄罗斯有这样的问题，法国也有'黄马甲'示威，甚至有 11 人在暴动中死亡，俄罗斯不希望发生类似的悲剧。"对此，法国总统回应称："法兰西一直尊重宪法、人权和欧洲理事会（le Coseil de l'Europe），所有公民都可以向欧洲人权法院（Cour européenne des droits de l'homme, CEDH）提出上诉。"这也是在提醒普京，俄罗斯曾因占领克里米亚（Crimée）在 2014 年被驱逐出欧洲理事会，能在今年 6 月重返欧洲理事会，在很大程度上归功于法国的支持。

马克龙总统还希望能与普京总统就乌克兰冲突进行开诚布公的讨论，该问题不仅直接导致了俄罗斯离开 G8 集团，也是法俄进行其他问题协商的前提。同时他也把希望寄托在乌克兰新任总统弗拉基米尔·泽连斯基（Volodymyr Zelensky）身上，后者释放出想要缓和乌俄关系的信号。马克龙分析："这将是扭转当前形势的重要抉择，为解决持续 6 年的俄乌冲突提供了机遇。"普京总统谨慎地表示看好与乌克兰关系的正常化进程，但对于 G8 集团，他并没有重返的意愿，也更加看重 G20 集团的作用。

对于叙利亚问题，法俄两国元首仍存在根本分歧。马克龙总统认为俄罗斯应停止在叙利亚的军事行动，但普京总统则坚持"打击大马士革的一切恐怖主义威胁"。法国人道主义的论调似乎无法撼动普京总统在叙利亚的大规模军事干预。

《世界报》2019 年 8 月 20 日刊

法国共和党大选正式拉开帷幕

距党内第一轮投票还有48天之时，法国共和党领导层必须公开3位领袖候选人名单。共和党议会领袖克里斯蒂安·雅各布（Christian Jacob）不出所料地获得了议会高票支持，占据了优势地位。另外还有2位候选人也凭借至少10位议员与1311位党内成员的支持，进入了最终角逐。

约纳省（Yonne）议员纪尧姆·拉西维（Guillaume Larrivé）获得了11位议员和3159位党内成员的支持。他倡议"改变今天的共和国，领导明天的法兰西"，希望开展"一场大型的群众运动"，"提供新的政治思路"。为实现这一目标，拉西维已经列出了详细的计划，并在土伦（Toulon）、迪耶普（Dieppe）、波尔多（Bordeaux）等多个城市早早开展了个人宣传活动。他计划与党内成员进行一系列直接对话，期望重振共和党人的自豪姿态。

另一位候选人朱利安·奥贝尔（Julien Aubert）将与支持他的15位议员和3027位党内成员一起投入竞选活动。他拥护"戴高乐主义"，强调切断共和党意识形态路线，团结右派和更新领导层。奥贝尔将于2019年9月8日在戈代尔镇（Gordes）开始他的竞选宣传。

但无论对手们多么斗志昂扬，作为雅克·希拉克（Jaques Chirac）时期的总理，雅各布深厚的根基和丰富的经验都是无可比拟的，这也使得他受到众多拥护者的支持：8155位党内成员及123位议员的支持，这些议员占到了196名议员的62.76%。

雅各布选择卢贝新城（Villeneuve-Loubet）开展其宣传活动绝非偶

然——这里是共和党最重要的省级阵地之一，与他的联盟策略相符。同时，雅各布计划于 9 月 4 日途经波尔多，据悉，当天在此会举行针对现任波尔多市长、共和党成员尼古拉·弗洛里昂（Nicolas Florian）的抗议活动。两天后，雅各布还将去议员朱利安·迪夫（Julien Dive）所在的埃纳省（Aisne）。"他知道共和党员忧心忡忡，他的联盟之旅也是为了听到他们的诉求。"知情人士表示。

这场党魁竞选之战的关键可能就在于——谁能聆听那些迷茫共和党人的心声，使他们重拾信心，相信共和党的未来，谁就能赢得最终的胜利。

《费加罗报》2019 年 8 月 26 日刊

伊朗外长应法国总统邀请
空降 G7 峰会举办地

当地时间 8 月 25 日，应法国总统马克龙之邀，伊朗外交部部长扎里夫飞抵七国集团峰会（G7）举办地法国比亚里茨市（Biarritz）。扎里夫先与法国外交部部长勒德里安（Jean-Yves Le Drian）及法国经济和财政部部长勒梅尔（Bruno Le Maire）进行会晤，随后马克龙于会议间隙加入会谈。

美国总统唐纳德·特朗普称其并未同意法国这一调停举措。G7 成员国领导人在周六晚宴上讨论伊朗问题时，普遍同意伊朗不应该被允许发展核武器，同时也不希望中东国家出现动乱。

在伊朗问题上，马克龙的举措不仅避免了关系破裂，甚至可能会逆转局势。自 2003 年起，法国就成为世界上对伊朗核武器扩散事件最为关注的国家。2015 年 7 月，在前总理洛朗·法比尤斯（Laurent Fabius）的领导下，法国加倍严格地履行《维也纳公约》（L' Accord de Vienne），当时的美国总统巴拉克·奥巴马（Barack Obama）在面对伊朗时，也已做好了让步的准备。

马克龙意图将法国打造成一个"调解强国"，他耗费了几个月的精力，希望促进美国与伊朗之间达成妥协。一方面，马克龙建议美国在制裁伊朗石油出口方面作出让步；另一方面，他也希望伊朗能够重新遵循《维也纳公约》的各项条例且愿意对争议问题展开讨论，如弹道导弹计划等一系列破坏中东地区稳定的行为。

在法国总统的授意下，法国外交政策顾问埃马纽埃尔·博恩多次与伊朗相关负责人进行了协商。马克龙也多次与特朗普展开讨论,法方一直认为美方应该更加灵活地处理此项问题。但无论如何,这两位总统都有共同的目标——阻止伊朗拥有核武器并遏制该地区帝国主义的发展。但美国采取的"施加最大压力"策略并未使伊朗屈服,一位外交官总结道:"特朗普不希望在中东地区出现一条新战线,也希望能够尽量避免伊朗封锁霍尔木兹海峡行为的发生。"

《费加罗报》2019 年 8 月 26 日刊

法国绿党领袖雅多呼吁
为 2022 年选举开展 "联合大运动"

在欧洲生态绿党今年于图卢兹举办的夏日集会上，绿党领导人雅尼克·雅多（Yannick Jadot）开始谋求政治格局的重建。他希望绿党能成为主心骨，并下决心赢得欧洲议会 13.5% 议员的支持，以在 2022 年总统选举中占据有利地位。

没有人愿意看到马克龙与勒庞独霸下一届总统选举，正是这个共同的信念使绿党开展和其他党派的联合运动。但各方在如何打破这一对立的问题上产生了分歧："是投出妥协的一票还是仇视的一票？"弗朗索瓦·鲁芬宣扬"生态人民阵线"，重视团结生态的强大力量。

雅多认为这场运动将比欧洲生态绿党运动更广泛、更有力——气候危机、物种消亡是不可避免的议题。此外，还应捍卫社会和人道主义价值，例如接纳难民，尊重女性、同性恋者、外国人的权利等。同时，还应维护公共服务场所的神圣性，向医院和学校的工作人员致敬。

绿党左派积极分子都能从以上提议中获益，因为他们的发声先于行政部门对一些提案作出的合法抨击——如允许法属圭亚那政府颁发更多淘金许可证，减少建筑物隔热材料的创新预算，以及公共开支用于过度灌溉玉米从而导致旱灾肆虐等。甚至在自由贸易的处理上也一样，全面经济贸易协定（Ceta）和南方共同市场协定（Mercosur）一样，默许了国家领导人反对拯救亚马孙的决定。

雅多提出的"超越中的联合"，也十分有利于团结党内积极分子。即日起到 11 月欧洲生态绿党大会前这段时期内，必须选出新的全国秘书长来接替大卫·科尔芒（David Cormand）。"我们有责任保持团结一致。"雅多强调，并指出应避开"战术迂回"和"话语圈套"。

雅多还重申联合阵线已经在欧洲议会选举中显出了优势，下一任领导者应设法使它变得坚不可摧。三个月后，大战在即。

《回声报》2019 年 8 月 26 日刊

法国提名前国防部部长西尔维·古拉尔为新一届欧盟委员会成员

　　近日，法国总统马克龙未按时提交新一届欧盟委员会的法国代表名单，直到本周二才确认：将由前任国防部部长西尔维·古拉尔（Sylvie Goulard）代替现任经济、财政及外贸部部长皮埃尔·莫斯科维奇（Pierre Moscovici）成为最终人选。

　　总统认为西尔维·古拉尔拥有丰富的经验和长远的战略眼光。她曾被提名为欧洲议会议员，与前任欧盟主席罗马诺·普罗迪（Romano Prodi）共事，还曾协助马克龙拟订欧洲方面的政纲。此外，她还会多种语言——法语、英语、德语和意大利语。西尔维·古拉尔目前的职位是法国中央银行副行长，今后可能会在欧盟委员会中担任与商贸、欧元区或者金融监管相关的部长职位。但按传统流程，此项提名还需要经过欧洲议会的批准，因此目前仍存在一定的不确定性。

　　2014年，经举报，包括古拉尔在内的多名民主运动党欧洲议员涉嫌聘用党工担任助手，但实际并未履职，古拉尔随后脱离了该党派，她也未接受相关调查。民主运动党派领袖一直对西尔维·古拉尔持有强烈的不满情绪，总统却仍要冒着得罪"共和国前进"党这一最主要的同盟党的风险，做出这一选择。

　　当局曾认为，为避免挪用欧盟费用，西尔维·古拉尔在国内政党中担任职务后不应再成为欧洲议会的实权部长。绿党领导人兼欧洲议员雅尼克·雅多也表示："在法国国家层面被禁止的事项不应该在欧盟被准许。"何况此前，西尔维·古拉尔在担任欧洲议员的两年时间内，每月都收到美国智库博古睿研究院（Berggruen Institute）提供的超过 1 万欧元的报酬。但不管反对声有多大，为谋求法国在欧盟委员会的一席之地，总统马克龙都不会改变其任命决定。

《费加罗报》2019 年 8 月 29 日刊

欧盟委员会候任主席乌尔苏拉·冯德莱恩意欲重塑欧洲实力

2019 年 9 月 10 日，欧盟委员会候任主席乌尔苏拉·冯德莱恩在欧盟总部召开其当选后的第一场新闻发布会，会上公布了新一届欧盟委员会名单。

冯德莱恩强调，新一届欧委会团队需聚焦欧盟目前面临的挑战并提出解决方案，不断听取欧洲人民的需求和关切，同时还需兼顾性别、地域等方面的平衡，并能够迅速应对各种矛盾。她还要求各委员在前半段任期中实地考察所有欧盟成员国，旨在以"地缘政治（géopolitique）"概念为中心，构建一个"灵活、反应迅速、现代化"的委员会。其工作战略总部署在一定程度上继承了前任欧委会主席让-克洛德·容克的理念，得到了欧洲议会的支持。此外，冯德莱恩还提出，为避免官僚主义盛行，新一届欧洲议会应当抛弃一些现存的规章制度。

会上，冯德莱恩还就英国脱欧、移民政策、防务产业及气候等议题为欧盟发表了导向性意见。她提出将"气候政策和数字化转型"作为工作重点，由欧洲社会党成员弗兰斯·蒂默曼斯（Frans Timnermans）和社会自由党成员玛格丽特·维斯塔格（Margrethe Vestager）负责主要工作。欧盟委员会竞争事务委员维斯塔格对征收数字税（GAFA）的态度十分强硬，目前还无法得知这是否会影响冯德莱恩对于美国的中立态度。此外，法国人西尔维·古拉尔还将担任欧盟内部市场委员，主要负责统一市场，制定欧盟产业及数字化方面的政策，同时监督新成立的欧委会防务产业及太空署。候任主席通过此项任命，实际上赋予了法国对于欧洲防务策略部署的监督权力。为安抚其他成员国，冯德莱恩在新任领导团队中也任命了四位来自中欧及东欧国家的委员作为委员会副主席。

《回声报》2019 年 9 月 11 日刊

冒激化两院辩论之风险
马克龙总统谈移民与安全政策

　　据法国政府发言人斯本思·恩迪亚也（Sibeth Ndiaye）称，在 9 月 3 日召开的部长会议上，马克龙总统重申了政府五年任职期第二阶段的四项当务之急：生态保护、退休制度改革、就业以及治安和移民问题。同时，发言人指出法国国民议会和参议院将分别于 9 月 30 日与 10 月 2 日对移民政策展开辩论。

　　政府的一系列方案规划，特别是在国家医疗援助（AME）方面的方案规划，加剧了多数党之间的紧张关系。由于《庇护与移民法》曾一度让局势陷入紧张状态，因此，执政党内部部分议员对此问题高度敏感。一名"共和国前进"党议员认为"国家医疗援助"触及了多数党的根本原则。据与会人员透露，在 9 月 4 日召开的多数党议员会议上，总理菲利普重申了总统及其本人都没有任何要撤销"国家医疗援助"的意图。据悉，为使议会讨论能够继续顺利开展，政府已出台拟采取的财政法草案及社会安全补助相关措施，并将以修正案的方式进行调整和完善。一位曾为"前进运动"党（"共和国前进"党前身）的成员称，由于总统的态度在多数党派中最为坚决，且对移民问题十分乃至过分关注，辩论因此将会对移民问题进行再次讨论。据悉，马克龙曾承诺要打造一个能够妥善接纳移民的国家，但这个国家并不能接纳所有人。

　　移民及移民税问题始终是法国的心头大患，新《庇护与移民法》至今尚未取得成效。一位政府成员称，总统意图解决的这些问题，实际上不再关乎"左""右"政党派别，而多数党在这一点上有很大的误解。

马克龙以社会学方法看待此问题，认为底层人民是安全隐患与移民问题的首要受害者，而富人则可逃过此劫。

几位部长担心辩论过多地关注经济社会方面的影响，从而忽视了"黄马甲"运动的危机。但一位政府重要官员指出，伊斯兰政教所造成的治安及其他方面问题笼罩着整个社会，马克龙总统也清楚地认识到了这一点。

《回声报》2019 年 9 月 12 日刊

马克龙改革全国辩论形式与
法国民众直接对话

　　本周二，法国总统马克龙在马恩河畔博纳伊县（Bonneuil-sur-Marne）开展有关就业的讨论会，拉开了其五年任期中第二次全民讨论的帷幕。今年年初，总统为解决"黄马甲"危机在法国境内组织了多场谈话。这次"与法国民众直接对话"也是受此启发。

　　为进一步推动改革，马克龙总统在五年任期结束前将不再采用全民大辩论的形式。此前，法国退休改革事务最高专员让-保罗·德勒瓦足足花费了 18 个月与社会合作方讨论退休改革问题。除此议题，马克龙总统仍"希望能开展一次大讨论"，相关讨论程序将由菲利普总理于今日向法国经济、社会和环境理事会（Conseil économique, social et environnemental）详细说明。而马克龙总统面对阻碍选择退让的原因，可能是为了不让市议会选举瞄准退休改革。确切来讲，马克龙总统可能会走向"希拉克化"，甚至"奥朗德化"。对此，法国共和党领袖候选人吉约姆·拉西维（Guillaume Larrivé）在 9 月初说："保守主义从此将威胁马克龙主义。"而马克龙身边的知情人士表示："他会兑现其国家改革的承诺。我不认为他会'希拉克化'，他身上没有激进社会党的因子。"

　　在上任初期快速推进改革并遭遇"黄马甲"危机之后，马克龙总统调整了改革方式，却并未改变方向。宪法改革正是一个印证。面对参议院的反对，马克龙总统最初尝试修复法国民众与领袖们日渐疏远的关系，遇阻后转而和民众一道，通过全民辩论等途径努力落实参与民主制。与此同时，马克龙总统还承诺组织国民会议。首届会议将于 10 月召开，议题是环境保护。新推出的宪法改革方案同样将法国人民放在首位。此外，法国经济、社会和环境理事会也将更名为"公民参政理事会"（Conseil de la participation citoyenne），它由社会代表组成，最多150名。它将成为公民请愿的聚集地，为公民提供咨询服务，并组织抽签以开展国民会议。

目前，马克龙总统"与法国民众直接对话"的努力已有成效，控制了民意下滑的态势，实现了上台以来的首次顺利"开工"。但总统任期还未过一半，"直到最后才能下结论。"有关人士说道。

《费加罗报》2019 年 9 月 12 日刊

法国政党"国民联盟"争取
城市选票之路举步维艰

　　六个月的市议会选举使法国执政党"共和国前进"党和"国民联盟"党都疲惫不堪,马克龙占据城市,勒庞占据村镇。但双方都在各自的少数票选区极力争取。

　　周四,在多数党会议上马克龙总统重申移民问题,站在了城市资产阶级的对立面。他认为:"资产阶级不会考虑移民问题,他们不会遇到危害社会治安的非法移民,普通民众却和他们生活在一起。"马克龙所在政党"共和国前进"党的选区集中在大都市,而在乡村其支持率则低于全国平均水平。

　　玛丽娜·勒庞的境况则与之相反,"国民联盟"党以小城市及乡村为目标。但随着都市人口的快速增长,"国民联盟"党的竞选潜力遭受大幅下降。

　　尽管勒庞转而争取"被遗忘的法国人"并初获成效——其在乡村地区及落后城市的支持率均有所上升,但在大城市的高层管理人员、高学历人才和大量移民中,她始终不得人心。

　　"国民联盟"党对巴黎能采取什么策略?法国民调机构 IFOP 公众舆情部部长杰罗姆·富尔凯(Jérôme Fourquet)提出了两种解决方案:要么"重塑党派形象,寻找同盟,粉饰太平",要么承认低支持率并声明"我们代表着被遗忘的法国人,我们着眼于市郊地区"。这两种方案各有弊端——前者,合作伙伴不会为自取其辱的候选人四处奔走;后者,放弃都市,集中力量于郊区则可能成为一个"自我实现的预言",进一步深化与城市选区的断层。"'国民联盟'党会选择其现有资源能实现的策略。"杰罗姆·富尔凯说。

此前，勒庞在弗雷瑞斯（Fréjus）的讲话中，通过提出"去都市化"（démétropolisation）的概念和反对巴黎高涨的房价来拉拢城市非城市居民以及无法再取得市民身份的人。对此，极右派社会学家西尔文·克雷彭（Sylvain Crépon）评价称，"这说到了那些由于消费水平太高，离开中心城市去近郊生活的人心里"。除此之外，尽管移民问题在市区的煽动性较小，但候选人始终不忘它是"国民联盟"党拉选票的重要手段，在城市竞选中频频提及。

《世界报》2019 年 9 月 21 日刊

法国总统马克龙发表电视讲话致敬已故前任总统雅克·希拉克，称其是法国精神的体现

法国前任总统雅克·希拉克（Jacques Chirac）于本月当地时间26日在巴黎病故，马克龙总统当晚于爱丽舍宫发表电视讲话，对其表示哀悼与敬意。他强调，"我们爱戴希拉克总统，正如他爱护法国人民一样"，并高度赞扬其体现了"法兰西的某种精神"。

1996年1月8日，希拉克正式执政，成为法兰西第五共和国的新一任总统，他是戴高乐更是蓬皮杜的继任者，"象征着某种法兰西精神"。在担任总统期间，希拉克"时刻守护着法兰西的团结、凝聚力，勇于对抗极端与仇恨"。正如马克龙与玛丽娜·勒庞在2017年总统大选中的针锋相对，2002年希拉克也曾在第二轮总统大选中直面极右政党领导人让-马里·勒庞。

马克龙总统称，希拉克对环境问题的关注，也象征着"某种世界精神"，他评价其"站在历史的高度"。希拉克总统在2002年可持续发展大会上发言的开场词——"我们居住的房子在燃烧，可我们还在往别处看"，至今还振聋发聩；2003年他反对美国攻打伊拉克的宣言代表了"独立自豪的法国"立场。这两个层面，都是当今法国执政者应该坚守的方向——"致力于法国成为平衡世界力量的重要一环"。

在讲话中，马克龙总统赞扬了希拉克"爱护包容民众多样性"的宝贵品质。他表示："对最底层、最穷困、最脆弱群体的保护，是希拉克总统毕生坚持的伟大事业。"这也改变了马克龙总统之前在"黄马甲"危机中常被人诟病的"富人总统"立场。

据悉，马克龙总统决定暂时开放爱丽舍宫到 9 月 30 日晚，供民众对希拉克进行吊唁。与此同时，9 月 30 日也被定为国丧日，当天正午，由于巴黎圣母院不再开放，宗教纪念典礼将在巴黎圣叙尔比斯教堂进行（Saint-Sulpice）。届时许多政界首脑、官员将会出席。原定于 9 月 30 日在国民议会举行的针对移民问题的辩论，将被推迟到 10 月 7 日，菲利普总理表示："整个国家都应默哀。"

《世界报》2019 年 9 月 28 日刊

法国总统马克龙呼吁全法人民同 "极端伊斯兰恐袭" 进行不懈斗争

当地时间 10 月 3 日中午，法国巴黎警察总局发生恶性持刀袭击案。该局一名信息工程师持刀袭击同事，造成四名警员死亡，一名警员重伤。

10 月 8 日，法国政府在巴黎警察总局举办遇袭警察悼念仪式，前任总统弗朗索瓦·奥朗德（François Hollande）及尼古拉·萨科齐（Nicolas Sarkozy），前任总理贝尔纳·卡泽纳夫（Bernard Cazeneuve）及伊迪斯·克里森（Edith Cresson），国民议会议长理查·费朗（Richard Ferrand），参议院议长热拉尔·拉尔歇（Gérard Larcher）悉数到场为遇难警察默哀。法国现任总统马克龙在哀悼词中呼吁全法人民同 "极端伊斯兰恐袭" 做斗争，且时刻不能放松。总统本人对于 "极端伊斯兰恐怖主义" 的态度也愈发强硬，并在讲话中提出将会 "强化政府职责"。

在此之前，2018 年 3 月 23 日上午，一名持有武器的恐怖分子在法国南部奥德省特雷布镇（Aude，Trèbes）制造恐怖袭击，宪兵中校阿尔诺·贝尔特莱姆（Arnaud Beltrame）因舍身替换人质而殉职，法国总统在该警察过世的第二天称赞其为 "英雄人物"。在周二的讲话中，马克龙屡次提到 "极端伊斯兰恐怖主义"，并将其视为威胁法国安全的罪魁祸首，提出将安全与打击恐怖主义作为其五年任期内第二阶段的重要任务。面对 "误入歧途的伊斯兰教"，马克龙向人民承诺会作 "毫不松懈的斗争"。

对此，法国共和党议员希欧蒂（Eric Ciotti）认为马克龙于遇袭警察悼念仪式上的讲话十分中肯。极右翼"国民联盟"党加来海峡省议员布鲁诺·比尔德（Bruno Bilde）同样评价这是一场"基于事实且表达明确"的演说。

《世界报》2019 年 10 月 10 日刊

是否允许穆斯林女性佩戴头巾:
法国政府关于"世俗化"的思考

　　10月初,一名穆斯林女性陪同孩子参观勃艮第-弗朗什-孔泰大区(Bourgogne-Franche-Comté)议会时,因其佩戴穆斯林头巾,被极右派"国民联盟"党大区代表要求离场,儿子在她怀里哭泣的画面传遍了社交网络,引发了一场"穆斯林头巾论战"。

　　对于"政教分离"这一问题,执政党内部分化成了不同的派别。本周日中午,法国政府发言人斯本思·恩迪亚(Sibeth Ndiaye)表示对此议员"令人震惊的"行为感到愤怒,但强调这仅是他的个人立场。与此同时,教育部部长让-米歇尔·布朗盖(Jean-Michel Blanquer)也在BFM-TV电台表达了个人观点:"虽然法律并未禁止佩戴头巾的妇女作为孩子的陪护者出现在公共场所,但是这一现象不被提倡,当今的社会并不希望看到头巾的出现。"他曾提议重新采用阿尔卑斯省(Alpes)一名议员提出的修正案,目的在于禁止接送孩子的女性陪伴者佩戴头巾,这一行为激怒了部分执政党成员。此外,经济和财政部部长布鲁诺·勒梅尔(Bruno Le Maire)在France Info电台中表示:"未来的法国并不能接受佩戴头巾这一现象。我希望法国成为一个没有宗教抱团主义的统一国家,一个秉承男女平等观念的国家。"而总理菲利普对于这个问题的态度十分明确,他认为"这是法律所允许的"。

　　早在2016年7月12日,当时身为总统候选人的马克龙表示:"本人不赞同在学校附近追捕身上带有宗教特征的人……"2018年4月,总统在巴黎贝尔纳丹修道院(Collège des Bernardins)的演讲中提到过"世俗化"的相关问题，但其首要目的在于"修复"天主教会与国家政府的关系。据政府内部人员透露，几天前总统在政府讨论会上强调"移民融入与打击宗教抱团主义"，但并未提及更多的细节。由于马克龙曾在遇袭警察悼念仪式上呼吁铲除"极端伊斯兰主义祸根"，法国右派和极右派政党要求国家元首对此付出实际行动。

《世界报》2019 年 10 月 16 日刊

古拉尔提名欧盟执委被拒之后
马克龙重塑与欧盟紧密关系

　　10月17日在欧洲峰会开幕之前，法国总统马克龙参加了在布鲁塞尔举行的欧洲议会团体会议，提出一系列举措以期重掌欧盟事务。七天前西尔维·古拉尔"被拒"一事业已翻篇。这位由马克龙提名担任欧盟委员会执委的法国前任国防部部长，在欧洲议会表决时遭到拒绝。

　　据悉，总统的提议包括：借助绿党来扩大欧洲议会多数党席位，为推动公共生活透明化设立欧洲高级权力机关，宣布最迟于年末在巴黎召开重组欧盟机构专题会议，举行"复兴"峰会协商"最高权力议程"。

　　用一位与会者的话说，让绿党加入目前的联盟，有利于"在即将到来的听证会和选举团投票中，特别是在立法议程上形成强有力的政治多数"。欧洲议会绿党领袖菲利普·兰伯特兹（Philippe Lamberts）于周四指出："这是一箭三雕。然而如果冯德莱恩女士对我们做出了过多的让步，这可能影响她现有的支持率。"

　　不过，马克龙总统不会只依靠欧洲人民党（Le Parti populaire européen，PPE，保守党派）和社会民主党（Les sociaux-démocrates）。"我们的多数席位欢迎各大支持欧共体的党派。"爱丽舍宫解释道。此举旨在减少对欧洲议会大党——欧洲人民党的依赖，也正是他们否决了古拉尔的提名。

　　古拉尔因涉及其所在的法国民主运动党（MoDem）挪用欧洲议会的议员津贴为本国议员助理付酬，以及担任欧洲议员期间被美国智库博古睿研究院聘为"特别顾问"等事件而备受质疑。马克龙因此呼吁建立独立于欧盟各机构的高级权力机关来审查不同专员的个人情况。

为解决此次"政治体制危机",走出六七月"因任命高级职务(欧委会、欧洲议会主席以及中央银行行长)所造成的混乱局面",马克龙希望能尽快由冯德莱恩主持,在欧委会召开关于欧洲未来走向的讨论大会。这场会议在理论上将引起一场制度变革,"也是为了更好地构建欧委会与欧洲议会的关系"。罗马尼亚总理达奇安·乔洛什(Dacian Ciolos)评价。

《世界报》2019 年 10 月 19 日刊

法国政府即将推出移民举措方案

上周，法国总统马克龙与总理菲利普多次讨论了移民问题，相关举措有望在短期内出台。在预算方案的最终投票之前，"这些举措绝不会落人口实，"一位部长级顾问说道，"移民政策会变得更加强硬，但我们也会谨慎行事，不会像克劳德·盖昂（Claude Guéant，时任法国内政部部长）一样因执意提高国际学生学费而进退维谷。"

在表现坚决的同时，政府还希望在"欢迎来法国"项目（Programme Bienvenue en France）的框架下继续坚持"人才引进"，重视"稀缺人才"。该项目旨在吸引有潜力的，特别是来自新兴国家的学生进入法国高等教育系统以及科研机构。早在 2018 年 11 月，总理菲利普便已经提出到 2027 年将吸引 50 万名国际学生来法求学（目前人数为 32.4 万）。

至于移民的经济问题，应该重新审查市场紧缺职业清单。在就业市场准入方面，若个体劳动者经营许可已规范化，就应简化相关手续，将打击非法就业放在首位。同时，正如总理在议会辩论中强调的，需通过立法和提高法语水平要求来严格控制入籍申请。几个月以来，法国政府一直强调申请政治避难和移民的收容条件要与欧洲邻国相一致，以期消除或尽量减少法国再次接收来自欧洲别国的难民。并且全民医疗保险（protection universelle maladie）和避难申请者津贴（allocation pour demandeur d'asile）一经申请即可对避难者生效，不设置担保期限。在此次讨论中，政府的预备性文件还提出将对成年独居避难申请者提供比德国高出 53% 的津贴，且与英国、瑞典相比，分别高出 43% 和 42%。根据政府可靠消息，新政策将会在秋季议会进行预算讨论时出台。

此外，法国社会事务监察局（Igas）和财政监察总署（IGF）将在 10 月底重启关于国家医疗援助（l' aide médicale d' etat，AME）的报告。该保险的大方针目前并未遭质疑，但马克龙总统仍对其承保范围提出疑问。在议会上，法国卫生部部长阿涅斯·布赞（Agnès Buzyn）则为国家医疗援助辩护，宣布将推出相关计划来打击骗取福利的行为，特别是通过旅游签证从社会保险中牟利的行为。

《回声报》2019 年 10 月 21 日刊

法国总统马克龙提名布勒东作为新的欧盟委员会代表人选

在欧洲议会否决了西尔维·古拉尔的欧盟委员会（以下简称"欧委会"）代表提名后，法国总统马克龙于 10 月 24 日提名法国前任经济和财政部部长蒂埃里·布勒东（Thierry Breton）作为新的欧委会人选。

爱丽舍宫方面宣称该决定是与未来的欧委会主席乌尔苏拉·冯德莱恩女士商讨并达成一致的结果。总统亲信也表示支持，认为布勒东能力强，涉及政府部门广，担任过大型企业的总裁和国家经济和财政部部长，这样政商结合的经历让他成为替代古拉尔的合适人选。

布勒东自 2009 年以来，一直是源讯（Atos，法国跨国 IT 服务管理公司）的老板，还曾经与时任德国国防部部长的冯德莱恩在国防领域有过合作。他的提名也体现了马克龙"走出官僚主义作风，走向务实"的主张。布勒东本人从 2017 年的第一轮总统选举开始，就一直支持马克龙。

然而布勒东的提名也引起了一定的利益冲突。由于其将被任命监管的部门曾经他以私人身份领导过，而欧洲议会明确拒绝古拉尔提名的原因也在于她曾是美国智库博古睿研究院的顾问，后者与欧洲议会有利益冲突。

布勒东的提名还会产生另一个问题——男女比例平衡问题。从理论上来说，法国应该提名一位女性。爱丽舍宫方面更正："应由乌尔苏拉·冯德莱恩来保证她团队的组成与平衡，尤其是在男女比例上的安排。"

　　在等待巴黎方面的正式提名信过程中，冯德莱恩的亲信未作出评价。但她的一位顾问仍表示"松了一口气"：未来的欧委会主席希望能提名一位有综合管理各个部门的能力的人选。但欧洲议会最大政党，也是较为保守的欧洲人民党要求法国的欧委会代表不应再被赋予文化领域的职权，冯德莱恩也希望欧洲人民党这次不要再反对法国的欧委会代表提名。

《世界报》2019 年 10 月 25 日刊

法国总理菲利普提出管控移民举措

11月6日，法国总理爱德华·菲利普在卫生部部长、劳工部部长、内政部部长和负责欧洲事务的国务卿的陪同下，提交了一份旨在加强法国主权的"移民、庇护及融入"计划，其中包含20条管控移民政策。

晚间，菲利普在BFMTV电视台发表了讲话，表示希望能够重新控制移民政策，将这一计划置于"主权"和"公平、平衡"的旗帜下。此外他还批评了在政策执行过程中时而散漫、时而严格的态度。面对左翼指责行政部门或有为选举目的而进行操纵言论的嫌疑时，他回复道："（我们）希望能够在安抚公民的同时，不向民粹主义屈服。"

部长们详细阐释了此项计划的涉及范围，除卫生措施或根据职业设立的配额外，政府将尽最大努力支持工作移民，并希望法国的外国留学生人数在 2027 年翻番。法国内政部长克里斯朵夫·卡斯塔内（Christophe Castaner）称，获得法国国籍的移民应拥有更高的法语水平。同时他宣布为加强管制将设立三个新的行政拘留中心。另外，他承诺将在 2020 年为法定难民准备 1.6 万套私人社会住房。对于正在接受培训的举目无亲的未成年人，卡斯塔内保证他们成年后将会更容易得到居留证。

对于此项举措，法国共产党（PCF）全国书记法比安·鲁塞尔（Fabien Roussel）认为，这是政府赠送给极右势力的一份意识形态礼物；然而法国右派国民联盟党主席玛丽娜·勒庞却谴责其为"烟雾弹"，只会与初衷背道而驰；司法部部长尼古拉·贝卢贝（Nicole Belloubet）似乎对"配额"持保留意见，认为这在国外行不通；此前，总统马克龙在访华期间也被问及此类问题，他重申自己"设定了一个方向"并且"政府正在实施"。

而"共和国前进"党内部一些成员却希望"翻开新的一页"，而不是抓住移民问题不放。一名议员表示："我们从政的目的不是为了谈论移民和世俗化问题，而是为了解决教育、培训、就业、养老金和改革等问题。"

《回声报》2019 年 11 月 7 日刊

法国前经济和财政部部长布勒东提名通过
终获欧委会之席

经历了西尔维·古拉尔的提名失败后，11月14日，在欧洲议会（Le Parlement Européen，以下简称"欧议会"）听证会上，议员们终于通过了法国的另一人选蒂埃里·布勒东的任命，这也让爱丽舍宫方面松了一口气。

原源讯（Atos）公司老板布勒东将担任欧盟内部市场委员，成为欧洲委员会（La Commission Européene，以下简称"欧委会"）即将上任的主席乌尔苏拉·冯德莱恩领导团队中的一员。在欧议会内部，尽管社会民主党、绿党和极左派都认为在最终决策前还需要对布勒东了解更多，但两大多数党——自由民主党和欧洲人民党都坚持尽快确定最终人选。欧洲人民党内部也对布勒东的当选表示支持，并表示收获了一位"半人民党专员"。

而对马克龙和冯德莱恩而言，赢得左派社会民主党的支持才更为重要。没有他们的支持，布勒东无法通过欧议会的考验。更何况，欧委会人员组织的调整也使他们损失了一名委员。在这样的情况下，冯德莱恩对社会民主党作出了一些让步，尤其是将欧盟"移民事务委员"之职按社会民主党之意更名为"促进（promotion）欧洲生活方式委员"，而不再坚持此前的"保护（protection）欧洲生活方式委员"。

据悉，布勒东本人也向社会民主党作出了妥协。本周四，他卖掉了自己价值4600万欧元的股权并表示自己将不再与曾管理的任何一家公司有任何的利益牵扯，同时他也卸任了所有曾就职企业的董事职位。

冯德莱恩本应于 11 月 1 日正式出任欧委会主席，但由于英国脱欧延迟，伦敦方面不愿再推选英籍欧委会候选委员，前主席容克必须处理由此造成的争议；加上其他欧盟代表国家人选的迟迟不定，冯德莱恩一直无法如期上任。但随着法国委员的确定，以及匈牙利委员正在等候确认，欧委会正朝着有序化、正常化迈进。

《世界报》2019 年 11 月 16 日刊

法国 "市长大会" 开幕:
马克龙寻求市长力量支持

11月19日,在全法市镇长大会上,法国总统埃马纽埃尔·马克龙首先向与会的市长、镇长致敬,肯定他们对共和国的作用及贡献。其次,马克龙特别提到了法国社会的"分裂"现状,敦促市长、镇长们与他一同"团结起来"修补这个"支离破碎"的法国。此外,他还称赞了市政官员们在"大辩论"中起到的决定性作用,并说道:"尽管我的身份不是市长,但我日渐感觉到我是法国这个'大城市'的领导人。"

距2020年市镇选举还有4个月,这是所有当选代表任期内最后一次会议。在引起争议的居住税问题上,市镇长协会认为取消居住税是一个"严重的错误","就像此前许多总统一样,您取消了一项不属于您的税收。"特鲁瓦(Troyes)市长说道。

此前右派反对党提出应该禁止具有社群化倾向的竞选名单,总统马克龙对此持不同意见。在他看来,禁止不是解决问题的办法,除已经采取的措施外,还必须在今后几周内宣布关闭礼拜场所或学校。

此外,正值法国中央政府五年任期第二阶段开端,马克龙重申,他需要借助市长的力量在卫生和教育方面进行变革,尤其是在环境转型方面,总统呼吁大家用温和的态度看待反杀虫剂法,谨慎行事。他指出:"确定一种产品的毒性不是市长的责任。"在提到塑料回收奖惩机制时,马克龙表示该措施实施前需要征得市长同意。

全法市镇长协会主席巴洛因(François Baroin)在此前讲话中提出,总统马克龙总结全国"大辩论"时,曾指出有必要继续进行去中心化工作。2020 年市政选举结束后，法国政府将推出进一步去中心化的法案。该法案能否真正赋予地方政府权力，是对中央政府的考验。马克龙在演讲中表示，自己支持开展针对去中心化的"大辩论"，并批评了财政自治的"拜占庭主义"，声明愿意就地方政府的融资方式进行"宪法改革"。

《回声报》2019 年 11 月 20 日刊

法国在萨赫勒地区的反恐行动面临挑战

11月25日，两架直升机在马里（Mali）反恐行动中相撞，6名军官、6名士官以及1名下士长全部丧生。法军总参谋部指出，当日17时，法军部队发现一个"圣战"团伙。傍晚时分，地面部队获得两架"幻影2000"型战斗机（Mirage 2000）和三架直升机的支援。其中一架负责运载特遣部队，两架继续追踪"圣战"团伙。18时40分，士兵们听到两架直升机相撞后爆炸的声音。此次事件是马克龙总统上台以来发生的最严重的人员伤亡事件，也使得总统捍卫反恐事业的决心更加坚定。

自1983年贝鲁特（Beyrouth）法军总部遭受恐怖袭击造成58人死亡以来，法国军队还未遭遇过如此重大的损失。但爱丽舍宫方面表示不会放弃反恐行动。菲利普总理在国民议会上表示："没有军事行动，我们无法维持萨赫勒（Sahel）五国的政治、经济稳定。"

除了2018年4月对叙利亚政府军事设施实行的"精准打击"外，马克龙总统上台以来还未展开新的军事行动。他延续了2013年以来前任总统奥朗德（Hollande）在马里的政策，目前已有4500名法国士兵参与该地区的行动。据《世界报》（Le Monde）消息，马克龙总统期待听到有关萨赫勒地区的政治、军事新战略的提议。爱丽舍宫方面已在今年夏天宣布调整"新月沙丘"计划（Barkhane），但其使命不会有根本性改变。

"我们与马里、尼日尔、布基纳法索一同战斗。我们拥有欧洲盟友的支持。我们屹立不倒，团结一心，百折不挠。"法国国防部部长弗洛朗丝·帕利（Florence Parly）说。但军团已然分散了，马里军事力量自 10 月以来数次战败，两个月内造成一百多人死亡，也加剧了不稳定因素。

此次导致 13 名法国士兵丧生的反恐行动可被视为是法国总参谋部力图改变危险局势、重建平衡的意志体现。相关专家也注意到，当地居民的反法情绪有所上升，因此法国应调整其军事行动，以适应当地需求。悲痛过后，作决定的时刻到来了。

《世界报》2019 年 11 月 28 日刊

冯德莱恩终将正式出任欧委会主席

11 月 27 日（周三），欧盟议会高票通过了由乌尔苏拉·冯德莱恩领导的新一届欧盟委员会：461 票赞成，157 票反对，89 票弃权。保守党（欧洲人民党，PPE）、社会民主党（Les sociaux-démocrates，S&D）和自由党（欧洲复兴党，Renew）几乎一致投了赞成票。而绿党方面大多投了弃权票。最终只有极左翼（欧洲联合左派，GUE）、极右翼（民主与民族身份党团，ID）以及其他几位议员明确反对。延期一个月，几经波折，新一届欧委会成员将于 12 月 1 日正式履职。

事实上，冯德莱恩清楚地认识到，即使此次选举如此顺利，议会仍没有被她征服。对于日后的每个提案，她都需要重新组构议会多数派；其组建不仅需要欧洲人民党和社会民主党两个党派的支持，还需联合欧洲复兴党。如果这一组合分裂，则需要绿党的力量。在这样的背景下，冯德莱恩每周一都将与欧洲人民党、社会民主党及欧洲复兴党领导人会晤，每月也将与绿党联合领袖们进行一到两次会面。

下周一，冯德莱恩将前往马德里参加世界气候大会，这将成为检验其工作方法成效的一次时机。她希望在 12 月 11 日宣布《欧洲绿色协议》（Green Deal）草案要点。尽管决定性投票不会立刻进行，但她的干预有利于各项法案的实施以及为引领欧洲生态转型铺路。

关于该协议各党派意见不一。欧洲人民党在环境问题上较为保守，更期望冯德莱恩只进行纲领性遵循。而社会民主党和欧洲复兴党则主张量化承诺，鉴于冯德莱恩此前已承诺 2050 年实现"碳中和"，并曾说希望到 2030 年温室气体排放量减少 50%—55%，他们认为她应重申这个目标。

　　此外，"跨境碳排放税"也将成为冯德莱恩演说的话题。作为默克尔（Merkel）女士的忠实追随者，她对该税表示支持。但征收新税需要成员国的一致同意。不仅如此，它还可能不符合世贸组织（L'organisation mondiale du commerce）的规则。因此最好先谈谈机制问题，但税收与机制之间，尚存在分歧。

　　　　　　　　　　　　　　《世界报》2019 年 11 月 29 日刊

法国退休改革：政府作出让步

经历了几个月的踌躇与斡旋，法国政府终于作出关于退休改革的清晰指示。大罢工的第七日，法国总理爱德华·菲利普昨日在经济社会环境委员会上汇报了政府的裁决。

他表示，政府致力于与法国民主劳工联合会（CFDT）等各个社会劳动组织合作，共同促进具有共识性、普遍性的原则的实施。该原则也是总统马克龙早在竞选总统之时便提出的，其中两点尤为重要——实行相关经济措施平衡退休制度以及退休改革过渡期的应对问题。

如今形势已表明不可能在 2025 年就彻底清算覆盖 42 项具体退休金体制的全部账目，必须推迟改革期限以弥补财政赤字，这也给了民主工联的领导者洛朗·伯杰（Laurent Berger）一个较为满意的答复。政府的让步也同时缓和了退休改革主要两大相关群体——特殊退休金制度享有者和教师群体的不满。政府的态度总体上与马克龙此前在爱丽舍宫提出的方向保持一致，此后的退休制度改革将立足分配问题——即由就业人口支付退休金。该支出将按点扣除，而不再按年缴纳；合法退休年龄也保持 62 岁不变。

同时，退休改革的过渡期针对不同人群也有针对性的延长措施——如 1975 年前出生人群不必参与退休改革，修改了负责退休改革的高级专员让-保罗·德勒瓦在 7 月提出的 1963 年的年龄门槛，此举也是为了尽快平息近日的示威游行。而对于因弥补经济赤字而饱受诟病的财政措施，菲利普也提出平衡之举——选择提前退休的人支付相关罚款，推迟退休的人则可获得相应奖金。退休金账目清算需要相关社会部门的监管，否则政府将进行接管。

政府对民主工联的另一个承诺针对的是高危过劳工作群体。当局表示支持高危过劳工作者提前退休或者调离至其他岗位。对于天主教工会联盟（CFTC）较为关心的家庭补助问题，菲利普也作出回应：有三个及以上孩子的家庭可以领取更高补助，相比德勒瓦又作出更大让步。

《世界报》2019 年 12 月 12 日刊

欧盟希望尽快开启英国脱欧后续事宜谈判

12月12日至13日，2019年欧盟冬季峰会在总部布鲁塞尔举行，在此期间举办了英国"脱欧"特别会议。英国首相鲍里斯·约翰逊（Boris Johnson）承诺将在不到一年的时间内协商缔结自由贸易协定（L'accord de libre-échange），而欧洲人认为这是不现实的。

周四晚，法国欧盟事务部长艾米莉·德·蒙特查林（Amélie de Montchalin）总结道："目前最重要的问题不是英国脱欧的方式，而在于我们下一步的行动。"周五上午，各国元首及政府首脑纷纷表示希望进入与伦敦建立"新关系"的阶段。一位比利时官员透露："我们已经为下一个阶段，即密切合作的阶段，做好了准备。"据《独立报》（*The Independent*）消息，欧盟负责英国脱欧事务的首席谈判员米歇尔·巴尼耶（Michel Barnier）在与欧洲议员最近一次的会面中谈论道："我们将尽一切努力实现之前所谈及的'最低生活保障（le minimum vital）'，以便在规定的最后期限内与英国建立关系。"

目前27个欧盟成员国希望英国下议院（Chambre des communes）迅速进行投票，尽快批准"脱欧"协议相关法案，以便在2020年年底前如期达成协议。该协议规定了脱欧条件，其中包括公民权利和财政承诺。当前至2020年年底为过渡时期，在此期间，欧盟规则将继续适用于英国。若2020年7月1日之前不要求延长过渡时期，英国将不经历脱欧过渡期直接"脱欧"，这将增加不公平竞争的风险，例如放松管制和降低税收。首相约翰逊迫切希望在2020年12月31日前完成缔结自由贸易协定。

法国欧委会代表蒂埃里·布勒东认为：“英国是一个重要的战略伙伴，我们必须重建与英国的关系，且必须在贸易中合理应用欧盟层面的社会与环境规范。”相较而言，德国的态度较为乐观，而其他国家都在讨论“大方针（grandes lignes）”的定义，这些定义可能会随着时间的推移而变得更加精确。一位专家评论道：“这是一场高风险的赌博。”此外，约翰逊计划与美国发展的关系同样存在着不确定性。

《世界报》2019 年 12 月 14 日刊

退休改革高级专员德勒瓦辞职，改革之路再添阻力

　　退休改革高级专员德勒瓦由于在向政治生活透明度最高权威机构（HATVP）申报时缺少必要信息，且作为政府公职人员兼任私企工作并涉嫌利益冲突，被媒体曝光后于 12 月 16 日辞职。总设计师在社会抗议风潮中离席，而改革草案尚未成形，马克龙总统对此表示遗憾。

　　在一份公报中，德勒瓦称针对他的猛烈抨击与诸多谎言损害了他与社会合作伙伴之间的交流与信任。"他们想利用我犯的错误来破坏改革。这时如果我还不退出，将不利于此次改革的推进。"他补充道。

　　近期几位政府成员和多数派人士为德勒瓦的诚意辩护，企图挽回局面。"在退休改革的高潮时离开是残酷而悲剧的。"一位议员评论。德勒瓦于 2017 年 9 月被任命为退休制度改革高级专员，今年 9 月底进入政府，制订改革草案并参与国民议会辩论，其代表着马克龙政府一个罕见的重磅政治举措。

　　而主张放弃改革者对此事的反应大不相同。"对我们来说这没带来任何改变，人们还在讨论改革。政府遇到了额外的困难，是时候叫停了。"法国工人力量总会（Force Ouvrière）秘书长韦里耶（Yves Veyrier）断言。反对派将德勒瓦下台视为改革夭折的开端，但政府却更加坚定了完成改革的决心。

　　那么谁来接替德勒瓦呢？全国自治工会联盟总书记艾斯库尔（Laurent Escure）认为"继任者必须尊重与公众的交流，并且非常熟悉改革文件"。中小企业联合会（CPME）负责人阿瑟兰（François

Asselin）补充说："我们希望政府能尽快选定一个既有能力又兼具政治威望的人。"但找到合适的人选并非易事。

今日爱丽舍宫或马提翁宫方面将作出决定，宣称德勒瓦的辞职"不会造成任何影响"。当权者认为继任者应首先推动各部间的讨论顺利进行，其次是议会讨论；改革方案将于 2020 年 1 月 22 日提交部长会议审议。如果一切按计划进行，不受社会抗议影响而延迟，那么其立法程序将于 2020 年 2 月底启动。

《世界报》2019 年 12 月 18 日刊

马克龙访问科特迪瓦，
重申"新月沙丘"行动的重要性

12月20日周五，马克龙总统对科特迪瓦进行了48小时的短期访问，这是他第三次与法国驻外士兵举行年度聚餐——2017年在尼日尔，2018年在乍得。马克龙借此行再次确认了法国参与萨赫勒（Sahel）地区"新月沙丘"行动的决定。

在和科特迪瓦总统瓦塔拉（Alassane Ouattara）进行密谈之后，马克龙总统前往法国士兵驻地布埃港（Port-Bouët）参观。此地见证了2002年至2011年的科特迪瓦危机，27名"独角兽"部队（Licorne）的士兵在冲突中牺牲。马克龙强调："今天的科特迪瓦重归和平，这种稳定是珍贵而脆弱的。"周日，他将去往科中部布瓦凯（Bouaké），向在科空军轰炸中牺牲的9名士兵致敬。

"新月沙丘"行动是法国进行的规模最大的国外军事行动，涉及4500名士兵。该计划越来越遭到法国国内民众的质疑。对此，马克龙总统重申："'新月沙丘'行动对法国而言是关键任务。我们会与非洲、欧洲伙伴一道继续推进该行动。"

由马克龙总统牵头的萨赫勒五国（马里，毛里塔尼亚，布基纳法索，尼日尔，乍得）首脑会议将于2020年1月13日在法国波城（Pau）召开。总统认为这场峰会有利于"阐明'新月沙丘'行动的政治范围和战略界限"。其亲信们希望能借此解决马里和布基纳法索的问题。"如果放任威胁，最终也会自身难保，必须扩大'新月沙丘'地区的战略深度。"马克龙总结道。

在驻科特迪瓦的法国士兵中，有几位曾多次从黎巴嫩航行至乍得，享有过与一国总统共同进餐的殊荣。而对其他更为年轻的士兵们来讲，这还是头一回。"他来到这里，表明我们的首长没有忘记他的士兵。这让我感觉很好，特别是当我们远离家园时。"一位驻阿比让（Abidjan）三年的军士长高兴地说。

马克龙总统还主动提及了退休问题，表示军人的退伍时间仍比普通民众早，并享有相应的抚恤金。马克龙的一位亲信说："这对于那些对退休问题一直有潜在担忧的士兵们而言是一剂定心丸。"

《世界报》2019 年 12 月 23 日刊

退休制度改革：政府永不妥协

尽管法国总统马克龙于 12 月 21 日呼吁法国国家铁路公司（SNCF）和巴黎公共交通联合机构（RATP）中反对养老制度改革的员工"负起责任"，刚刚过去的圣诞节仍是一段公共交通严重瘫痪的时期。假期第一个周末后，只有 40% 的高速火车（TGV）和省际列车（TER）在周一运行，周二仅有 40% 的高速火车正常运行。

12 月 19 日，政府成功说服法国民主劳工联合会（CFDT）和全国自治工会联合会-监狱自治联合会（UNSA）的领导人停战。然而，工会基础并没有因此而动摇。"工会的问题在于大脑和肢体之间存在很大的脱节。头脑在谈判，但肢体在现实中并不总是朝同一个方向行动。""共和国前进"党议员奥利维亚·格雷古瓦（Olivia Grégoire）评论道。12 月 22 日，新任主管退休事务的国务秘书洛朗·皮耶塔泽夫斯基（Laurent Pietraszewski）通过《星期日报》（Le Journal du Dimanche）建议巴黎公共交通联合机构和法国国家铁路公司恢复正常工作，并在这段时间内提供必要的公共服务。

成功争取到改革派工会的休战为法国政府减轻了一些压力，而要求完全退出改革的总工会（CGT）和法国工人力量总会（FO）则从下而上团结一致地反对改革制度。政府也通过此次正面对立表现出其决心，"不可能仅为了圣诞节期间列车正常运行就取消这项计划。"皮耶塔泽夫斯基评论道。一位国务秘书总结："许多法国人并不是真正反对改革，而是不支持政府。"

法国民意调查所（IFOP）于 12 月 22 日在《星期日报》上公布的一

项民意调查表明，51%的法国人支持或赞同这场运动。但从某种意义上来说，这种渐退的感情可能会在圣诞节期间消失殆尽，所以菲利普总理在周一的公告中公布了新年谈判日程表。当天，菲利普和教育部部长让-米歇尔·布兰奎尔（Jean-Michel Blanquer）会见了总统马克龙。"我们的工作仍在继续，部长们将在接下来圣诞节假期内的两周中继续努力。"总理方保证道。

《世界报》2019 年 12 月 25—26 日刊

美伊冲突升级：欧洲呼吁开展对话

在伊朗对驻有美军的伊拉克空军基地进行报复性打击后，欧盟委员会于1月8日周三召开紧急会议。主席冯德莱恩呼吁停止诉诸武力。而就在前一日，法、德、英、意四国外长在布鲁塞尔共同讨论利比亚问题，会上还特别提及了美伊之间的冲突。

欧洲方面呼吁开展对话以挽救伊核协议。伊朗外交部部长扎里夫已接受邀请，将于不久后造访布鲁塞尔。同时，伊朗当局表示，将继续接受国际原子能机构（L'Agence internationale pour l'énergie atomique）对其核活动的监督。鉴于伊朗决定不再限制本国掌握重水和浓缩铀的数量，本周五召开的欧盟成员国外长紧急会议将讨论是否启动伊核协议争端解决机制。法国坚决主张应就此与中俄两国进行事先协商。

周二，马克龙在与伊朗总统鲁哈尼（Hassan Rohani）交谈后重申"法国重视伊拉克的主权和安全"，而"伊拉克境内联合打击'伊斯兰国'组织的国际力量将使其进一步得到巩固"。德黑兰方面则特别强调，鲁哈尼已提醒马克龙注意——美国在中东的利益将从此以后"处于险境"。

1月6日，美国代表团称：自苏莱曼尼（Ghassem Soleimani）去世后，美国重树对德黑兰的威慑力，特朗普政府目前更重视"形势降级"以及对恐怖组织"伊斯兰国"（Daech）的打击。伊拉克军队的训练任务暂时被取消，并进行了部分人员调动。而欧盟军队的规模相对较小，目前仍被保留。

伊拉克议会周日通过决议，要求国际联盟各军队从伊拉克撤离。美国表示不会调离其驻守伊拉克的 5200 名士兵。在欧洲方面，德国于周二宣布调动部分士兵改驻约旦及科威特，法国和英国则计划保留其在伊拉克的部队。

本周六，默克尔将前往莫斯科与普京会面，讨论"目前可能发生冲突的潜在地点"。德国显然注意到了该形势下俄罗斯的重要性。德国联邦议院外事委员会（La Commission des affaires étrangères du Bundestag）主席罗特根（Norbert Röttgen）指出："俄伊两国在叙利亚战争时有过合作，普京对德黑兰有一定的影响力。为避免局势升级，现应争取俄罗斯方面的支持。"

《世界报》2019 年 1 月 9 日刊

五国峰会：法国试图为其在
萨赫勒地区行动正名

1月13日，马克龙在波城（Pau）主持召开了萨赫勒五国峰会，出席此次会议的有布基纳法索、马里、尼日尔及乍得领导人，联合国秘书长安东尼奥·古特雷斯（António Guterres），非洲联盟（Union Africaine）委员会主席穆萨·法基（Moussa Faki），欧洲理事会（Conseil Européen）主席夏尔·米歇尔（Charles Michel）等。本次会议旨在促进相互理解，制订新的行动路线图以应对日益猖獗的"圣战"行动。

爱丽舍宫强调，法国期望萨赫勒五国能发表一份共同宣言，声明法国是应其要求展开行动，为法军在萨赫勒地区的存在正名。此外，法国还寄希望于其诸位盟友，然而德国并未给予实际响应。法国计划开展的"塔古巴"行动（L'opération Tacouba）目前仅联合了爱沙尼亚和捷克共和国的突击队。

近几个月以来，"伊斯兰国"和基地组织成员多次发动袭击，尤其是在布基纳法索、尼日尔和马里三国交界地带。恐怖主义造成的伤亡人数在过去的五年内翻了两倍，2019年达到了4000人。五国峰会原定于2019年12月初召开，而就在召开前夕，"圣战"分子在尼日尔杀害了91名士兵，会议因此延期。

反法情绪在马里表现得尤为显著，周五上千人在巴马科（Bamako）街头游行，要求法国及其他外国军队离开马里。但国际危机组织（Crisis Group）分析家马蒂厄·佩尔兰（Mathieu Pellerin）认为："目前法国军队没有替代者，而单凭本国部队无法应对当前的安全挑战。"

投入了大量人力与财力，却没有取得成果，这是人们反对法国参与萨赫勒地区事务呼声高涨的原因之一。此外还有人刻意利用、鼓动反法情绪。萨赫勒的部队缺乏良好的管理，腐败现象严重，从弹药和燃料的匮乏可见一斑；同时，受过战争锻炼的官员也十分稀少。"士兵通常都不是来自暴力频发地区，这使他们无法作出高效的反应，尤其是在空间如此广袤、兵力如此有限的情况下。"佩尔兰补充道，"如果国防军和安全部队内部能够协同一致，混乱局面将得到抑制。"

《回声报》2020 年 1 月 14 日刊

法国总统马克龙首次访问以色列

1月22日，法国总统马克龙在国民教育部部长让-米歇尔·布兰奎尔（Jean-Michel Blanquer）和内政部部长克里斯多夫·卡斯塔内（Christophe Castaner）的陪同下出访以色列（Israël），参加在耶路撒冷（Jérusalem）举行的"第五届大屠杀国际论坛（cinquième Forum de la Shoah）暨奥斯维辛集中营（camp d'Auschwitz-Birkenau）解放75周年纪念"——该活动以"铭记历史，对抗反犹主义"为主题，由此马克龙开启了他就任总统以来对巴以地区的首次访问。

此次出访将打破法国在巴以冲突中一向保持中立态度的传统立场。马克龙将以非公开的方式分别与以色列总理本雅明·内塔尼亚胡（Benyamin Nétanyahou）及政府反对派首脑本尼·甘茨（Benny Gantz）举行会谈，并将在巴勒斯坦总统马哈茂德·阿巴斯（Mahmoud Abbas）的陪同下游览城市拉马拉（Ramallah）。

以色列开放大学（Université Ouverte d'Israël）的政治学家丹尼斯·夏比特（Denis Charbit）表示："毫无疑问，马克龙并不是心甘情愿进行此次出访，但他却无法回避这一活动的周年象征意义。"——当下正处于一个微妙时刻。在中东地区，各方领导人正等待美国提供解决巴以冲突的和平方案；在以色列，马克龙"曾经的朋友"内塔尼亚胡涉嫌参与三项贪腐案，并面临3月初的大选；马克龙对以色列所谓殖民政策的批评也令一些以色列人颇有微词。在巴勒斯坦方面，马克龙坚持"反犹太复国主义是反犹主义的一种现代形式"，这种立场也使巴方感到不满。

据巴勒斯坦公共外交研究所（L'Institut palestinien pour la diplomatie

publique）研究员称："弗朗索瓦·奥朗德（François Hollande）在 2017 年召开的会议未取得成果，马克龙不愿重蹈覆辙。但他对美国计划采取的观望态度及其对以色列仅是口头谴责，却无实际行动的做法只会让结果更加糟糕。"法国驻美国大使杰拉德·阿劳德（Gerard Araud）评论道："以色列国内政治已经偏向右派，过去的 20 年都不是解决这场冲突的适宜时间，也许已经错过最佳解决时间，但无论如何，马克龙走出了尝试的一步。"

《世界报》2020 年 1 月 22 日刊

巴黎市政选举：伊达尔戈和达蒂间的角逐

　　法国民意调查机构 Odoxa 对巴黎第一轮市政选举的最新调查结果显示：两位女性领导人——社会党、共产党代表安娜·伊达戈（Anne Hidalgo）和共和党代表拉希姐·达狄（Rachida Dati）以 23% 和 20% 的选票领先，"共和国前进"党代表本杰明·格雷弗斯（Benjamin Griveaux）和绿党代表戴维·贝利亚德（David Belliard）分别获得 16% 和 14.5% 的选票，同为巴黎市长的有力竞争人选，一直以来以数学家身份备受关注的赛德里克·维拉尼（Cédric Villani）由于近期与马克龙的纷争，只获得 10% 的选票，但仍拥有下一轮的竞争资格。

　　社会党成员安娜·伊达戈领先的原因在于其代表了"平息后"巴黎的形象。2001—2014 年担任巴黎副市长、2014 年起担任巴黎市长的她经验丰富，并一直致力于对环境的保护；以自行车为主要交通工具的她也身体力行地践行着自己的"环境中心论"。

　　巴黎交通的罢工对她来说是一个宝贵的机会。一度选票落后的她以构建"100% 自行车城市"的理念重振旗鼓。她表示要在巴黎市中心禁止机动车通行，并将现有 50% 的停车场用于改造自行车车道或种植蔬菜。

　　相比曾经的社会党代表们，伊达戈所显示的真诚与决策力也是其赢得民心的重要因素之一。她始终与媒体保持距离，很少发表广播或电视演讲，只关注自己的政治决策。客观地说，巴黎某些地方的脏乱差，对游客的吸引力减少，气候变化等也为伊达戈创造了有利条件。

　　相比伊达戈，法国前司法部部长、前总统萨科齐的发言人达狄表示自己不会只关注环境，而注重安全、环境、机动三方面的动态平衡。她表示自己和伊达戈之间有根本性政见的不同——她主张结束巴黎的晚间交通拥堵，这也能减少巨大的环境污染；同时让更多家庭在法国扎根，并让他们获得应有的社保；再者让每个巴黎人都能有安全的生活空间。她对自己的第二轮竞选充满了信心。

《费加罗报》2020 年 1 月 27 日刊

英国脱欧：安理会重新洗牌，欧盟国际地位恐有下降风险

英国脱欧后，欧盟成员国数量降至 27 个，拥有否决权的英国"将不再受欧洲立场的约束"。在英国脱欧过渡时期结束前，欧盟和英国将分别与联合国（Nations Unies）建立起新的关系。

一位欧洲外交官评论道："欧盟用一个声音说话，若英国在人权问题上与欧盟站在同一方，欧盟将会获得更多支持。"此前，与加拿大和挪威等其他国家一样，英国不赞同美国在堕胎或封锁古巴等问题上的立场。而在新格局下的联合国安全理事会（Conseil de Sécurité）中，这种情况可能会有所改变。英国脱欧后，欧盟中仅有 4 个国家为安理会成员国，且只有法国是拥有否决权的常任理事国。在安理会非常任理事国轮换任职的情况下，若阿尔巴尼亚接替爱沙尼亚，或爱尔兰在 6 月不能成功当选，那么法国很可能成为 2022 年安理会理事国成员国中唯一的欧盟国家。

欧盟成员国希望英国在过渡期间仍与他们进行"真正的合作"，关于共同外交和安全、利比亚局势、马里或中非共和国的和平特派团（missions de paix）的决议都应继续秉持这一原则。另一位欧洲外交官表示："将来欧洲会出现一个运作良好的系统，比如在伊朗问题上，尽管各国做法不同，但目的是一致的。"自美国于 2018 年 5 月退出伊朗核问题全面协议后，法国、英国和德国坚持在"E3 集团"旗帜下与伊朗进行核协议谈判。

2020 年 1 月 10 日，在安理会就是否延长对叙利亚跨境援助决议的

投票中，德国、比利时、爱沙尼亚与法国投出赞成票，英国与美国投出弃权票。一名外交官声称英美将就一项贸易协定进行谈判，并表示担忧鲍里斯·约翰逊和唐纳德·特朗普的关系会因此变得更为密切。哥伦比亚大学（L' Université Columbia）法学教授阿努·布拉德福德（Anu Bradford）表示，由于英国 50% 的出口产品将销往欧洲国家，欧盟和英国的贸易协定与美国相比更为重要。

《世界报》2020 年 1 月 31 日刊

马克龙接见"共和国前进"党代表：
重振士气，展望2022

2月11日晚，为倾听议员心声、重振士气，法国总统马克龙在爱丽舍宫接见多数派议员（即"共和国前进"党议员）。问答持续了一个多小时——一些议员表示近来感到失望，马克龙则拿出辩论姿态，手握话筒在议员们中间来回走动。他呼吁道："你们要团结。"而"共和国前进"党内部的分歧却变得更加严重，直截了当的批评也越来越多。一些成员担心这会引起团体分裂。马克龙警告说："不要搞内部对立，奥朗德政府正是因此而垮台的。我们一荣俱荣，一损俱损。"

对于退休改革，马克龙的语气也同样严厉。面对议会辩论中的激烈反对，马克龙认为"共和国前进"党应承担责任，局面不应被"不屈法兰西"党所掌控。他希望能在财政会议上与工会达成一致，但同时表示不会一味妥协，并声称，如果草案审议无限期延长，他也必须行使应有的职责。一些议员认为这明显是在暗示启用宪法第49条第3款，根据该条政府可以跳过议会进行决策。

此外，马克龙对后续工作也作出了规划，并对如何开展2022年总统竞选活动作了安排——尤其要依靠两大支柱：生态和国家安全。他希望再次聚焦移民问题，维护民众生活安全，打击分裂主义。而为了重新赢得中间偏左派的支持，马克龙对生态问题也表现出了同等程度的重视。

在议员们提出的问题中，近期争议不断的丧葬假时长问题再次引发关注。马克龙派议员们拒绝将该假期从五天延长至十二天，对此，洛特-

加龙省（Lot-et-Garonne）议员洛扎纳（Michel Lauzzana）呼吁"表现人道主义"。马克龙则呼吁议员们应该把更多时间放入政治投资中。

这个漫长的晚上，马克龙总统和议员们进行了非正式的交流，其间每个人各执己见，但大家对于"反对技术专家体制（technostructure）和玩政治"的声音是一致的。沃克吕兹（Vaucluse）议员塞萨里尼（Jean-François Cesarini）表示："总统说了大家想听的话，但具体还要看两三个月后他的行动。"

《世界报》2020 年 2 月 13 日刊

慕尼黑安全会议：德国对法国 "核威慑" 政策作出初步回应

第 56 届慕尼黑安全会议（Conférence de Munich sur la sécurité）于 2020 年 2 月 14 日至 15 日举行，此次会议主题为 "西方缺失（Westlessness）"，揭示了在面对现实世界的冲突增长和否认美国既定规则的背景下，欧洲国家关于安全和防务政策的思考。

德国总统施泰因迈尔（Frank-Walter Steinmeier）在会议上积极响应法国号召，支持欧洲国家元首之间以法国的 "核威慑" 为集体安全核心展开战略对话。其间，他表示必须利用好法国总统马克龙此次发出的对话邀请，这听起来像是对德国保守派的警告，据悉，后者建议将法国的核武库置于北约（OTAN）或欧盟的联合指挥之下，这是法国无法接受的。他还提到，德国必须为欧洲的安全和财政作出更多贡献，此外，欧盟需要与俄罗斯建立起一种新型积极的关系。伦敦国际战略研究所（L'Institut international d'études stratégiques de Londres）于周五发布了年度报告：2019 年，全球军事支出增长了 4%，为 10 年来的最高水平，美国和中国的军事预算增加了 6.6%。由于此前美国总统唐纳德·特朗普不断呼吁北约成员国将至少 2% 的国内生产总值用于军事支出，据此，施泰因迈尔反驳道："不要以 2% 作为判断和平与安全的唯一标准。"

自 2014 年时任总统约阿希姆·高克（Joachim Gauck）发表演讲以来，德国计划在世界事务中承担更多责任。而法方认为，德国的行动还远远达不到所作的承诺。今年，这种担忧可能更加合理。德国总理安格拉·默克尔（Angela Merkel）领导的 "大联盟（grande coalition）" 在外交和国防政策问题上存在严重分歧。加拿大总理贾斯汀·特鲁多（Justin Trudeau）、欧洲委员会执行副主席玛格丽特·维斯塔格（Margrethe Vestager）和美国众议院议长南希·佩洛西（Nancy Pelosi）等多位社会民主党（SPD）成员在会上发表了演讲，但他们的言论与本党重心相去甚远：社会民主党新领导层于 2019 年 12 月当选，决定重拾和平主义言论，呼吁削减国防预算。因此，很难想象在新的选举之前，德国总统作出的承诺会转化为具体的进展。

《世界报》2020 年 2 月 16 日刊

英国脱欧：东欧国家在欧盟范围内的影响力上升

2019 年 11 月 30 日，英国脱离欧盟之际，波兰保守派日报《共和国报》感慨："不知道今后谁能够在我们国家未来发展如此仰仗的欧盟内部扛起捍卫自由竞争的重任。"对于最新一批迈入欧盟的其他东欧国家而言，这场已经尘埃落定的"分手"意味着失去了一位战略伙伴，一位支持欧盟扩大、和它们中的大多数一样不是欧元区成员国并在安全领域秉持大西洋主义的可贵盟友。

波罗的海与亚得里亚海中轴线上的国家与日俱增的影响力已经通过在国际机构担任要职所占比重恢复平衡得以体现。虽然没拿下欧洲的"最高级别职位"，但他们通过交易得到了国际货币基金组织（FMI）的总裁职位。欧洲议会最重要的党团欧洲人民党首次由一名波兰人领导，也就是欧洲理事会（Conseil Européen）前主席唐纳德·图斯克（Donald Tusk）。欧洲议会议员拉多斯瓦夫·西科尔斯基（Radoslaw Sikorski）说："波兰如果留在欧洲主流行列中，继续加强与法德组合的关系，或将取代英国的位置。波兰虽然比法国和德国弱，但可以代表东欧地区。"

"前"东部阵营如今在欧盟所有的争论和方针上发挥影响力。东欧国家将于 2 月 20 日在欧盟特别峰会关于 2021 年至 2027 年长期预算问题的讨论中拉起一道共同阵线。但东欧国家首次被推到共同体舞台前面主要是在 2015 年。面对涌入的移民潮，几个东欧国家猛烈抨击布鲁塞尔的立场。法国总统马克龙身边的人承认："真正的东西欧紧张关联局面由此呈现，趁此机会，我们对这些曾以为的'边缘'国家重新有了一些认识。"

　　除移民问题外，东欧到西欧的劳工输出致使本国人口赤字、生育率较低。如今，英国的脱欧已经让 10 万波兰人在 2019 年提前离开，回到他们的祖国，这也算是塞翁失马之后的幸运了。

《世界报》2020 年 2 月 20 日刊

法国退休改革：政府或动用宪法 49-3 条款？

法国政府正在考虑是否启用宪法 49-3 条款，即动用政府职权，绕过议会表决而通过法案。据称，政府将在未来几天内作出决定，以摆脱目前议会辩论的僵局，缩短退休改革方案讨论的时间。某部长顾问预测说："如果决定启用该条款，我们将遭到部分舆论谴责。"

这也正是总理菲利普迟迟不行动的缘由。2015 年，法国前总理瓦尔斯（Manuel Valls）为促进劳动法改革法案通过而使用了 49-3 条款，致使大批反对者上街抗议的场面仍历历在目。

然而马克龙不愿再继续浪费时间，他希望在 3 月 15 日市政首轮选举开始前完成草案第一轮投票。但在辩论进程如此缓慢的情况下，他恐怕很难如愿——2 月 24 日，历经 8 天的讨论和约 2200 条修正与再修正案（多数为反对意见）的考验，改革草案第一条才得以通过，还有 64 项条款等待审查。按照现在的进度，很难如期进行下去。

宪法 49-3 条款通常在难以获得大多数支持的情况下被启用，这次准备动用也是为了排除议会的"阻挠"，尤其是共产党和"不屈法兰西"党的反对。但马提翁宫不愿立刻启用该条款："还不是时候，辩论将继续进行。极左派阻碍了机制运行，如果舆论施压，应该针对他们而非政府。"

几周以来，马克龙一直在敦促马提翁宫就改革草案采取行动。据称，总理菲利普提出两项先决条件——即确保能获得多数派的支持，且工会改良派保证不退出财政会议。但这两项都很难得到保证。在过去的几周里，关于丧葬假期是否延长的争论使多数派手忙脚乱，他们如今表现出的软弱令马克龙感到担忧。周日晚，菲利普在议会财务办公室听取了多数派议员的意见。但由于近期他专注勒阿弗尔（Le Havre）的市镇选举而缺席议会，议员们对此也颇有微词。

"共和国前进"党国会议员奥雷利安·塔歇（Aurélien Taché）评论说："市镇选举固然很重要，但退休改革目前应放在首位，要尽快达成一致，避免使用宪法 49-3 条款。"

《世界报》2020 年 2 月 26 日刊

市政选举幕后的各方角逐

随着市政选举最终角逐即将来临，法国总统马克龙借用了前总统密特朗的话来表达自己的立场："我将选择人民推选的市长。"

根据民调显示，欧洲生态绿党表现结果喜人。在38个超过10万居民规模的市镇中，他们都处于领先地位。在里昂、波尔多、图卢兹、斯特拉斯堡等城市，绿党还有希望创造更多惊喜，至少能保证目前的党内活力。他们接下来的目标是：改造政党，向大区选举渗透力量，进一步打破马克龙和勒庞两方对垒的胶着局面。

右派的表现也不甘示弱，因其党内重组的成功与否依赖于市政选举的成败。在经历了2014年市政选举的低潮后，共和党重振旗鼓，坚信他们能保有现存实力如波尔多的选票，甚至可能进一步在奥尔良（Orléans）取胜，并对"共和国前进"党形成压力。除此之外，保持在马赛的选票对他们的成功也很关键。市政选举的结果对右派在9月即将到来的参议院（sénatoriales）选举以及其能否保持在参议院中的多数党地位也会有影响。

社会党获得了220多个超1万人口的市镇（含12个超过10万人口的市镇）的青睐；目前他们的首要目标是保持2014年市政选举的成果（包含巴黎、雷恩、南特、里尔等），并重新平衡1万到2万人口规模的市镇数量。

极右派"国民联盟"的目标很明确：保持其在2014年市政选举中产生的11位市长，尽可能争取更多的市镇。第一轮选举"出线"固然重要，第二轮的成功将会越发艰难。尽管"国民联盟"不愿给出具体目标数字，他们内心仍想要目前占有的市镇数量翻倍，尤其是重新获得在佩皮尼昂（Perpignan）的领先地位。

整体而言，在面临 2020 年 3 月中下旬即将来临的第一轮市政选举时，法国超过 40% 的民众表示仍犹豫不决。他们最期待未来市长能解决的问题有：第一，安保民生问题（49%）；第二，当地经济发展问题（35%）；第三，环境污染问题（35%）；第四，市容市貌问题（32%）；第五，交通状况与停车问题（21%）。

《费加罗报》2020 年 2 月 27 日刊

经济栏目

法国国内消费似乎开始恢复增长

经过数月的疲软和近乎停滞，法国的消费似乎终于摆脱了困境。法国国家统计与经济研究所（Institut national de la statistique et des études économiques，INSEE）发布的数据显示，2019年1月家庭商品支出增长了1.2%。如果消费增长确实恢复，这对于法国经济增长来说是个好消息。

自2017年年底以来，一直与购买力变动密切相关的法国经济在持续波动。理论上，随着工资缴款的取消和房产税的减免，法国经济应该在2018年秋季重新恢复增长；至少，在汽油价格飙升和"黄马甲"运动规模扩大前，这是政府和经济趋势分析家们所希望的。

在封锁和示威活动的影响下，去年12月的消费下降了1.5%。对于零售业、运输业和酒店餐饮业来说，打击巨大。根据经济和财政部部长布鲁诺·勒梅尔（Bruno Le Maire）的说法，在所有经济部门中，这场危机造成的损失是经济季度增长额的0.2%。

法国经济终于摆脱困境了吗？数据中的细节会使我们更加谨慎地思考：大部分消费增长来自天然气和电力的消耗。在去年12月异常温和的天气之后，今年1月气温下降，促使家庭消费更多用于取暖。此外，其他方面的消费，例如新车、电话和电视消费的增长其实发挥了作用。尽管发生了"黄马甲"危机，服装和纺织部门却在小幅消费增长中受益。法国巴黎银行（BNP Paribas）的经济分析师艾伦·鲍德雄（Hélène Baudchon）指出："这令人鼓舞，但离我们所希望的购买力增长状态还相差很远。"

在德国，出口推动经济增长；而在法国，国内需求是经济增长的主要动力。从宏观上讲，家庭消费占法国国内生产总值的近55%。去年的经济疲软导致了经济增速的放缓（2018年法国经济增长率达到1.5%左右），不知今年的状况将是如何。不过，去年12月"黄马甲"封锁高峰期间崩溃的家庭士气在今年1月和2月已经恢复。当被问及他们对未来生活水平的预期时，法国人越来越有可能作出积极回应。

《世界报》2019年3月2日刊

面对经济增长放缓，欧洲央行采取行动

欧元区经济增长持续放缓，欧洲中央银行（La Banque Centrale Européenne, BCE）出乎市场的预料，决定先于预期采取行动。理事会周四更改了关于未来利率轨迹的预测，推迟了首次回升的预期时间：法兰克福将计划维持到"2019年夏"的低利率延期至"2019年年底"。欧洲央行行长马里奥·德拉吉（Mario Draghi）解释道，多数市场参与者都将利率回升的预期推迟到2020年。

欧洲央行表示将尽可能保持现有利率水平，保证长久进入低于2%的中期低通胀阶段。同时发布了欧元区新的宏观经济预测，2019年增长预期明确下调至1.1%（2018年12月预期为1.7%）。自此，2020年增长预期调整至1.6%（先前为1.7%）。欧洲央行同样将2019年的通货膨胀率预期下调为1.2%（先前预期为1.6%），2020年为1.5%（先前预期为1.7%）。

针对此次调整，德拉吉强调全球贸易的增长放缓主要与中国有关，但地缘政治的不确定性（英国脱欧，美国贸易战）也会影响经济信心，同样也涉及一些地区或国家的特殊因素，如德国汽车工业所受到的制约。

欧洲局势恶化，欧洲央行制止了大量债务偿还，并宣布向银行业提供新一轮定向长期贷款（TLTRO 3计划）。努力避免欧元区家庭及公司的信贷紧缩，保证银行优惠的财政条件，然而TLTRO上一波借贷即将到期。

欧洲央行同样将2021年的通货膨胀率从1.8%下调至1.6%，远离了其"略微低于2%"的中期目标。德拉吉表示，由于经济活动衰弱，为了达到目标我们需要更多的时间，但工资将持续增长，就业市场将继续转好，消费力表现良好，政策宽松且未来将更加灵活，财政条件也有所放宽。德拉吉对未来充满信心。

《回声报》2019年3月9日刊

经济增长：2019 年法国领先于欧元区

"审视自己时，便自惭形秽；与他人相比，却备感安慰。"法国大革命时期外交大臣塔列朗的这句话完美形容了 2019 年的法国。尽管法国艰难地走出了备受争议的"黄马甲"运动，但有些方面仍令人欣慰。法国央行行长维勒鲁瓦（Francois Villeroy de Galhau）表示，法国相较其伙伴面对全球经济放缓表现出更强的经济韧性。

经济合作与发展组织下调了预期：2019 年欧元区经济增长预期仅为 1%，德国增长上限为 0.7%，法国则为 1.3%。这是自 2013 年以来法国经济增长首次超过欧元区。2018 年德国经济增长微弱且低于法国，2019 年的预测显示法国将远超德国，法国上次大幅领先还要追溯到 2009 年。

为何 2019 年表现会优于预期？法国企业发展暨经济推广研究所（REXECODE）总经理德尼·费朗（Denis Ferrand）表示，面对国际贸易变革，法国不如其他国家敏感，法国的对外经济开放程度也低于德国。因此，2017 年法国出口仅占国内 GDP 的 31%，却占德国年创造财富的 47%。此次预期下调主要来源于国际贸易的紧缩。

欧洲中央银行预测，2019 年外部对欧需求仅增长 2.2%，去年 12 月的预测为 3.1%。当全球经济增长强劲时，法国获利低于邻国；但当经济受到冲击时，法国所受影响也会较小。此外，汽车出口在全球范围内度过了一段艰难的时期，德国所受影响更为严重。

另外，法国巴黎银行（BNP Paribas）经济学家埃莱娜·宝德胜（Hélène Baudchon）解释道，去年 12 月继"黄马甲"运动后，政府出台了支持购买力的政策，此类财政刺激方案支撑了需求的增长。去年的一些决议应加入今年出台的政策中，如降低医疗保险和失业保险费率。此外，除了烟草税，今年其他税收预计不会大幅增长。

法国经济形势观察所（Observatoire français des conjonctures économiques，OFCE）于 2019 年 1 月底发布研究报告，2019 年国家预算政策将刺激 GDP 增长约 0.5%，其中 0.3% 得益于为应对"黄马甲"运动而出台的政策。3/4 的家庭的购买力将得到提升。

同时，法国企业投资将保持相对活跃。就业竞争力公税（crédit d'impôt pour la compétitivité et l'emploi，CICE）减轻了企业赋税，企业未来两年还将享受国库 200 亿欧元的一次性注入资金。但如果全球经济放缓继续蔓延，法国迟早会受到影响。

《回声报》2019 年 3 月 11 日刊

法国经济增长放缓，但不会崩溃

　　稳定性，是法兰西银行（Banque de France）最新预测法国经济增长的关键词。直到 2021 年，法国经济预计将以 2018 年纪录近 1.5% 的速度增长。今年法国国内生产总值预计增长 1.4%，2020 年和 2021 年的增长将保持在 1.5% 和 1.4%。

　　这些预测立即引起了两个反应。第一个反应是，令人失望：与 2017 年 2.3% 的增长峰值相比，经济复苏只持续了短短的一年。法国的经济复苏开始得比其他邻国晚，但减速却并未有差距。另一个反应是在失望之外，人们也感到一种宽慰：法国的经济增长暂时抵御住了全球经济放缓的影响。然而德国的情况有所不同，慕尼黑经济研究所（Institut für Wirtschaftsforschung de Munich）现在所定的目标是到 2019 年德国经济增长 0.6%。法兰西银行负责研究国际关系的总干事奥利维尔·加尼尔（Olivier Garnier）说："德国比法国更容易受到世界贸易波动的影响。"

　　根据经济学家的说法，自去年 12 月法兰西银行的最新预测以来，法国遭受了"两种互相矛盾的冲击"：一方面，外部需求恶化；另一方面，采取了有利于提高购买力的一揽子措施。这两种相反的作用趋于相互抵消。总统马克龙在去年 12 月中旬宣布的"紧急措施"应该会使今年家庭的购买力提高 0.7%。法兰西银行的专家指出："购买力的增长将在 2019 年和 2020 年促进家庭消费活力的恢复，并最终对法国国内生产总值贡献总计 0.3% 的增长率。"

　　家庭购买力仍将受到工资上涨的支持，私营部门的工资上涨幅度预计将在 2019 年达到 2.3%，通货膨胀率预测仍将保持在 1.3%。这最终将使居民受益：他们的购买力预计将在 2019 年增长 2.1%，这是 2017 年以来的最高增长率。因此，消费有望按照其以往发挥作用的方式，成为 2019 年经济增长的主要支柱。失业率将继续平行下降，到 2021 年将缓慢降至 8%。

法兰西银行强调，这些预测仍然面临"较大的不确定性"，同时还指出了英国脱欧和国际贸易紧张局势持续发酵所引发的问题。

《费加罗报》2019 年 3 月 15 日刊

欧盟寻求团结一致，以期与中方实现"互利共赢"

本月 26 日，法国总统马克龙、德国总理默克尔及欧盟委员会主席容克首次齐聚爱丽舍宫，会见中国国家主席习近平。此次会谈以"为推动中欧强强合作打好基础"为主题，在当前中欧经贸相对紧张的局面下积极寻求互利共赢的机会。

此前，各方已分别同中国国家主席习近平进行了洽谈。法方表示，"现在已不再是欧盟国家各扫门前雪的时候了，摒弃竞争、寻求合作才是正确的道路。只有共同发声才能够被世界听见"。欧盟或将采取新的手段保障中欧双方在授予公共合同方面真正实现"互利共赢"。总计约 2.4 万亿欧元，占欧盟国内生产总值约 16% 的公共合同金额，对于欧洲来说意义非同小可。

欧洲理事会近来表示："欧盟在面对第三方国家不公正的合作及威胁欧盟自身安全与社会秩序的投资行为时，应主动维护其相关利益。积极动用经贸保护手段与外国投资监管机制，保障其在第三方国家授予公共合同时实现互惠。"实现"互利共赢"，对于欧盟国家而言并不是天方夜谭般的幻想。早在 2012 年，时任欧盟内部市场委员会委员、现任英国脱欧事务首席谈判员的米歇尔·巴尼耶（Michel Barnier）便有针对性地提出，外国企业与欧洲本土企业应遵守相同的公共合同授予规定，方可在欧洲开展经济活动。然而包括德国在内的许多成员国当即否决了该提案。2016 年，这一方案被再次提及，但很快偃旗息鼓。可随后中国公司收购德国世界级领先工业机器人制造商库卡（KUKA）的举动，使德国意识到了事态的严重性，姿态也有所转变。如今，德国经济部部长彼得·阿尔特迈尔（Peter Altmaier）与法国经济和财政部部长布鲁诺·勒梅尔态度一致，就欧洲工业经济发展提出了全新的看法。法国总统就德国这一态度的转变表现得十分欣喜。在法德两国的不断推进之下，欧盟委员会表示将会对进入欧洲市场的外商执行更为严格的公共合同授予机制，一旦发现不公正的行为，将会对其作出限制，并上调20%的处罚力度。

在此次会谈期间，欧盟方面表示作为一个经济自由程度较高并乐于接纳外资的市场而言，互惠共赢对其十分重要。中国既是合作伙伴，也是机遇挑战。各方都十分期待看到双赢的局面。与以往放任自由经济的态度不同，如今，法德意识到曾经过于友好的市场准入局面已不再适应当下的经济环境，因此，改变势在必行。不过，这一改变并未获得全数支持。英国及北欧各国保持缄默，而意大利、希腊、葡萄牙等国家因自身经济力量薄弱而急需中方经济投资，并未表态。与此同时，法国也担心，继作为G7集团成员国之一的意大利加入中国"一带一路"倡议后，欧盟其他成员国会持续加入。面对多变的贸易局势，法德担心一旦中美私下就工业发展达成协议，欧盟各国将成为其经济竞技场，届时必将受到影响。眼下虽不是走投无路，但为保证其在世界贸易与工业经济舞台上有立足之地，欧盟内部必须在政策上首先达成一致。

《世界报》2019年3月23日刊

增长，赤字，债务：法国比预期更糟糕

法国经济和财政部准备将新制订的"稳定方案"递交欧盟。公共财务与行动部部长杰拉尔德·达尔马南（Gérald Darmanin）在《回声报》的专访中表示，"稳定方案"独立于"大辩论"的协定之外，将根据需要作出及时调整。中产阶级呼吁降税，这也将带来两个平行效应：强制性税率的降低和税收减少导致的债务和赤字上升。

在"大辩论"达成协定前，政府已明确下调了其五年任期内削减债务和赤字的所有目标，这主要是因为经济增长放缓。自此，政府预计在马克龙任期结束时 GDP 将稳定增长 1.4%，大致相当于法国的经济增长节奏。一年来中美贸易战日益严峻，遏制了经济体总量的扩张，2019 年增长预期仍为 1.9%，2022 年前增长将达到 1.7%。

政府不得不放弃五年任期结束时预算平衡的幻想。如今 2022 年赤字率预计为 1.2%，而一年前预测为 0.3%。债务局势也已失控。政府预测五年任期结束时债务占 GDP 比重将达到 97%，然而一年前的预期为89%。

由于 2017 年第四季度的经济增长呈现反弹，于是 2018 年年初马克龙欣喜地拟订了过于乐观的第一版"稳定方案"。然而他在总统竞选期间提出的预期其实更接近法国提交给欧盟的新政策。法国共和党财务委员会主席、前预算部部长埃里克·沃尔特（Eric Woerth）在法国 2 台愤怒地表示，目前的赤字问题是法国经济增长三年以来最严重的，是不能容忍的。法国是欧元区内赤字数额最大的国家。若不实行改革，法国将会面临危机。

　　法国经济和财政部部长勒梅尔、法国公共财务与行动部部长达尔马南将于 4 月 10 日在部长会议上正式宣布公共财政轨迹。会议也将公布"国家改革方案",这是由"大辩论"得出的协定,将于本月末前送至欧盟委员会。后者将于 6 月作出技术评估报告并给出建议。

《费加罗报》2019 年 4 月 4 日刊

从现在起到 2020 年，已确定的减税总额达到 140 亿欧元

法国总理菲利普强调：必须"更快地降低税率"，以应对"法国人民巨大的税费压力"。菲利普认为，从现在起到 2020 年要为家庭减税至少 140 亿欧元。这个数字是很重要的。具体来说，法国政府将在 2019 年为家庭减税 106 亿欧元，到 2020 年再减税 31 亿欧元。

去年 9 月，总统马克龙在提交预算草案时提到 2019 年税收预计仅为 60 亿欧元，这是因为受到了房产税的再次减免（38 亿欧元）和取消雇员工资缴款（40 亿欧元）的重要影响。

因此，今年税收减免的实际数额应该会更大，特别是应该考虑到减免 30 亿欧元的加班工资税、19 亿欧元的煤炭税以及通过减少社会公共税（contribution sociale généralisée，CSG）返还的 16 亿欧元养老金（1200—2000 欧元）。

对于 2020 年，针对八成法国居民、共计 31 亿欧元的房产税额外减税措施已经确定。加班收入免税将进一步减少 8 亿欧元，减少的政府税收部分将由其他税种税率的提高来补充，比如烟草税的增加（6 亿欧元）。

当然，未来的更多措施将使 140 亿欧元的减税数额继续增加。法国经济和财政部部长布鲁诺·勒梅尔周二表示："财政政策与经济政策之间的连贯性可能要求我们降低所得税，更确切地说，是收入水平较低的那部分劳动者的所得税。"根据"共和国前进"党议员的说法，政府决定减少 10 亿到 30 亿欧元的个人所得税。两周前，法国公共财务与行动

部部长杰拉尔德·达尔马南提到可能免除个人所得税，如此一来法国居民至少可少缴税 30 亿欧元。

相对于居民缴税压力的减轻，企业在税金方面似乎运气不怎么好。如果撇开转型的企业竞争力与就业可抵扣税额减税（crédit d'impôt pour la compétitivité et l'emploi，CICE）对长久性支出削减的暂时影响，在 2020 年企业税金减少 24 亿欧元之前，2019 年企业需要缴纳税金将略微增加 2 亿欧元。

《回声报》2019 年 4 月 10 日刊

生产力水平：法国处于弱势

自 19 世纪 70 年代以来，生产力增长是经济增长以及未来生活水平提高的主要动力，但对于所有发达国家而言，这一主要动力却一直在下降。法国也不例外。应欧盟委员会在 2018 年的要求，每个成员国要提交有关生产力发展状况的报告，以反思与之相关的问题。在法国国家生产力委员会（Conseil national de productivité，CNP）周四发布的第一份报告中，经济分析员认识到 "法国是一个生产力水平很高的国家，与德国相似"，但是从 2012 年到 2017 年，每小时生产效率平均每年仅增长 0.8%。从长远来看，这最终将危及福利国家的资金运转和经济发展的生态转型。

与其他国家一样，法国经历了去工业化的过程，服务业因而得到了发展，而在服务业领域，生产力的提高幅度最低。法国国家生产力委员会的经济分析员兼委员长菲利普·马丁（Philippe Martin）说："法国特有的一点是，法国人缺少职业能力。"法国国家生产力委员会的报告指出："法国成年人的能力低于经合组织（Organisation de coopération et de développement économiques，OCDE）国家的平均水平，由于缺乏持续的职业技能培训，他们在整个职业生涯中容易受到挫折，尤其是对于职业最不稳定的雇员。法国人的能力水平不能赶上经合组织的领先国家，这令人非常担忧。"外语能力、数学能力和法语能力水平的下降，有可能预示着未来法国人的生活水平长期下降。

报告还指出了管理人员的技能缺陷。与其他发达国家相比，法国公司的 "人事管理效率相对较低"，特别是在员工自治、经理管理和工作安排方面。这一结果将导致"法国公司在信息技术的采用和普及方面处于落后状态，而这同样可以用管理和技能方面的缺陷来解释"。实际上，要很好地使用新技术，就需要提高雇员的技能水平。简而言之，在全球化的大环境下，法国要保持一定程度的繁荣和发展，就必然需要对员工进行教育和职业培训。

《回声报》2019 年 4 月 19 日刊

法国总统马克龙承诺的地方财政改革推迟

　　尽管政府再次明确将彻底取消从现在起至五年任期结束期间内的居住税，但与以往不同，居住税目前已经是当务之急了，在本周四晚的新闻发布会上马克龙也必将对此有所提及。市政府和市政联合委员一直靠居住税获取税收，若取消该税他们将损失 200 亿欧元。替代方案已见雏形。为了给市政府提供新的税收，中央政府计划将省政府的土地税下放到市政府，并许诺给予省政府一定比例的国税。但近几个月来，文件进程停滞了。负责改革的联络事务部部长勒科努（Sébastien Lecornu）和公务部门事务国务秘书杜索普特（Olivier Dussopt）等待着马克龙的新政策，以重启与选民代表的磋商会议。

　　然而，时间紧迫。改革应于 2019 年 9 月前准备完毕并纳入 2020 年经济法草案。选民代表需要赶在市政选举前得知政府关于税收改革的动向，以建立选举制度。

　　政府计划挪动几十亿欧元的税收，此次调整困难重重。市镇村长协会副主席菲利普·洛朗（Philippe Laurent）表示，对于市政府而言，计划取消的居住税和取而代之的土地税之间，存在很大差距。国家需实行一种资金补偿机制。在改革中获利的市政府将通过该机制为受损失的市政府提供资金。初步研究表明，获利市政府为乡村政府，他们将会补偿受损市政府，如上塞纳省。

　　实际上，富足城市的不动产税和居住税都很低，因为政府的主要税源为当地企业。所以富足城市近些年并未向居民增税，反而是较贫困的省市税收较高。在省政府方面，过去他们可以根据需求增加或降低税收，然而现在却换成了一定比例的国税，一成不变且还要感谢国家的好意。那么纳税人呢？如果我们相信总统的承诺，在五年任期结束时民众就无须缴纳居住税了。除了第二住房所有者，永远需要缴税。

至于最富裕的纳税者，他们也并未能从税收改革中全身而退。数月以来，法国经济和财政部一些官员担心免除富人的居住税会引起民众意见，他们考虑通过提高不动产税来弥补。"共和国前进"党要员认为，这是"一项严肃且公正的税收政策"。

《费加罗报》2019 年 4 月 25 日刊

大辩论将近，税收引发的不满情绪激增
降税 50 亿欧元，资金补偿成难题

纳税者的钱究竟去了哪里？由"黄衫军"提出的这一疑问在 4 月 8 日大辩论恢复之时，可谓是"一石激起千层浪"，民众的不满情绪持续高涨，对于税收公平的呼声越来越高。据网络民调显示，不满情绪主要源于政府未能对税款的去向用途及国家公共服务支出数额做到透明公开。在对于税收改革的提议中，最先被提及的便是面向大众的收入税收。如今，所有的纳税人都在缴纳社会普摊税（contribution sociale générale，CSG），而"黄衫军"对于这一规定异常不满，他们认为低收入家庭并不应当缴纳这部分税金。就此项税收而言，或降低缴纳金额，或修正税率，或限制避税窟，都是被提出的修改意见。另外，打击偷税漏税也成为民众对税收公平的要求之一。在降低税额方面，减少增值税（taxe à la valeur ajoutée，TVA），特别是对必需商品增值税的降低是纳税人首先考虑争取的，然而法国经济和财政部表示目前并没有这一打算。除此之外，变相抬高税额的政策，例如煤炭税，也被大家坚决抵制。在如何缓解赤字这一问题上，超 75% 的受访者支持降低财政支出而非增加税收项目。

本月 25 日，法国总统为回应社会各方召开新闻发布会，并就税收作出表态。去年 12 月，"黄马甲"运动爆发不久，马克龙曾为促进购买力作出拨款 100 亿欧元的决定。时隔 4 月之久，如今，面对一轮又一轮

的示威游行，他提出要降低工资税额"近50亿欧元"。总统表示，"要想实现税收公平，增加各类税收金额是行不通的，相反，应该采取降税的方法……特别是针对劳动者的税收，尤其是中等收入水平的劳动者"。之所以作出这样的决定，主要是应"黄衫军"的要求，减轻中等收入阶层的税收压力。

法国经济学家马蒂厄（Mathieu Plane）分析指出，这一改革相当于为每一纳税家庭减少了近300欧元的税费。而对当局而言，这也使自己避免了一场可能十分复杂的税收改革。根据马克龙的解释，实现减税的方式包括取消公司的部分避税窟、敦促劳动者足时足量工作以及降低公共支出。他同时还提出要取缔一些无实质性作用的委员会或机构组织，延长退休人员缴纳社会分摊金的时限，同时推行降税体系以促进劳动生产，但适用范围并非全民性的。具体哪些避税窟应取消，相关的讨论将持续开展。据悉，这一举措所涉及金额约为50亿欧元，集中体现在对企业的各类资助当中。仅此前提出的取缔超小型企业与中小型企业"非公路用柴油"的避税窟便可收回近10亿欧元的资金。

此外，面对民众近几个月来对偷税漏税行为持续增长的不满情绪，总统也希望各方能够给予审计法院足够的信心，相信该机构会对偷漏税金额进行详细的计算，并提出具体的建议。而对于巨额财产税（l'impôt de solidarité sur la fortune，ISF），马克龙的态度依旧十分坚决，他表示，此次税改并不会取缔巨额财产税，相反，实施巨额财产税的目的，是要引导一个新的与固定资产相关的税收政策的形成，以此带动投资向现实经济方向发展。到2020年，税改成果将接受检验。倘若届时收效甚微，可以作出调整。他再次声明，实施巨额财产税的目的是为了创收，而绝不是为了给高收入者谋福利。而在如何纠正劳动不公这一问题上，劳有所得是最正确的解决办法，他提出将会在年终重新发放与去年12月为刺激购买力而实施的相似的免税补助。受各项减税政策影响，法国经济和财政部无奈放弃其提出的2020年财政支出回稳计划。如今，财政方面释放出的各项新消息也与此前提出的取消 12 万公职人员岗位等多项议案背道而驰。众多的变数使如何保证足够的资金成为法国因降税而导致政府收入减少后所面临的又一重大问题。

《回声报》、《世界报》2019 年 4 月 9 日、27 日刊

年初法国经济低速增长

法国经济在年初持续稳健增长。在三个月的时间里，法国国内生产总值增长了 0.3%（这与 2018 年下半年的速度相同），而法国国家统计与经济研究所（INSEE）曾期望增长率可以达到 0.4%。这种差距是由于消费复苏低于预期和出口明显放缓造成的，就连家庭对房地产的投资也连续在第三个季度下降。

现任法国经济和财政部部长布鲁诺·勒梅尔周二在法国电视 2 台（France 2）表示："与其他欧洲伙伴相比，法国表现良好。这是众多积极因素助推的结果，比如说投资、订单需求、家庭消费等，人民的购买力正在逐渐恢复。但是还有一个令人担忧的因素是出口，我们必须继续提高出口竞争力。"

出 口 放 缓

受到全球经济放缓的压力，出口增长在年初明显放缓：增速仅在 2.2%的基础上增加了 0.1%。汇丰银行（HSBC）经济分析师奥利维尔·维格纳（Olivier Vigna）证实："与前五年相比，2017—2018 年商业投资对 GDP 增长的贡献增加了两倍以上。"鉴于已经达到生产力顶峰的公司数量不断增加，未来几个季度的投资可能会下降。

经济和财政部部长勒梅尔对法国及其欧洲伙伴的评价可能与年度预测有关，但似乎有些偏差。在第一季度，法国的经济增长率实际上低于欧元区平均水平（欧元区经济增长率为 0.4%）和欧盟平均水平（欧盟经济增长率为 0.5%）。政府仍然预测 2019 年经济增长率为 1.4%。然而，奥斯特姆资产管理公司（Ostrum Asset Management，法盛投资管理公司旗下联属公司）首席经济分析师菲利普·瓦克特（Philippe Waechter）说道："为实现这一目标，其余三个季度每个季度的经济增长率都需要达到 0.43%。这是个雄心勃勃的目标。"

《费加罗报》2019 年 5 月 2 日刊

欧盟认为，法国经济韧性强且赤字平稳

欧盟经济事务专员皮埃尔·莫斯科维奇（Pierre Moscovici）2014 年加入欧洲联盟委员会。在整个北欧看来，他是被派来布鲁塞尔保护法国免遭欧盟财政政策影响的公务特使。5 年后，距他离开还有几周时间，法国再也不需要这把保护伞。与令人担忧的意大利现状和增长预期重新下跌的欧元区问题相比，法国的形势已不再紧迫。

实际上，形势仍不甚乐观。本周二，欧洲联盟委员会预测，法国2019 年年底赤字将达到 GDP 的 3.1%，处于欧元区的末位。欧盟委员会预测，法国债务将进一步增长，2019 年年底国债负担率将达到 99%。

然而，法国的经济活动比其他地区表现出更强的韧性。欧元区经济增长预期下调 0.1%，降低到 1.2%，然而法国仍保持在 1.3%，超过了欧元区 19 个国家的平均值。2020 年增长预期平稳保持于 1.5%，即欧元区水平。

欧盟强调，国内需求应逐渐增加以支撑 2019 年和 2020 年的经济增长。造成这种趋势的原因是，强大的财政支撑和通货膨胀的减弱将促进购买力和私人消费。显而易见的是，用于应对"黄马甲"而提出的 100亿欧元的措施得到了群众的广泛支持。失业率也因此从 2018 年年末的9.1%降至 2019 年年末的 8.8%。

在政府财政方面，委员会预测与政府预测一致，2019 年年底赤字占GDP 的 3.1%，而 2018 年占比为 2.5%。鉴于"企业竞争力与促进就业可抵扣税"制度（le crédit d'impôt pour la compétitivité et l'emploi，CICE）促进了持续税收的下调，此次突破 3%并不会引起民众对法国新的控诉。

　　欧洲联盟委员会指出了另一积极原因，2018年结构性赤字调整为0.2%，低于欧盟条约的要求（0.5%）。但布鲁塞尔担心调整无效，这种忧虑也将持续到2019年和2020年。至于明年，欧盟执行官预测赤字将达到2.2%，高于政府预测（2%），这使意大利成为末位国家。然而，4月中旬共和国总统发表的新声明将会影响2020年的发展。对于总统所提措施的成本和能够节省的开支数额，政府还未作出精准评估，所以并没有将其考虑在内。

《回声报》2019年5月9日刊

欧洲深恐经济滑坡

　　如何能够刺激欧洲经济的发展？面对如此重要的问题，欧盟内部却难以给出统一的意见。2018 年，欧盟占全球生产总值的份额约为 22%，这一数字虽谈不上急速下滑，但无疑显示出其经济状况是在慢慢倒退。即便欧盟委员会经常表示，与 2014 年换届前相比，欧洲如今的失业问题正得到缓解，公共财政状况也得到了改善，可实际上，欧洲在金融危机后并不能与世界其他经济力量相抗衡。面对美国日益加剧的挑衅势头，面对今后在各个方面都能与欧盟实力抗衡的中国，新一届欧洲议会接下来所面对的，是至关重要的 5 年。舒曼基金会（la Fondation Schuman）布鲁塞尔办公室负责人埃里克·毛里斯（Eric Maurice）表示，对于欧洲而言，最应当作出改变的是"事到临头才作出反应"的办事风格。假如有一天，欧盟被七国集团排挤，或在人工智能方面不得不受制于人，那时就太晚了。许多机构也纷纷表示，欧盟的习惯性拖延可能会使欧洲再一次陷入危机，只能祈祷它不会是致命的。

　　其他方面则呈现出比较复杂的态势。虽然在推进欧洲创新事业、谨慎开展对外贸易、重振工业以及深化统一市场等方面，各方持有相同意见，但想要真正实现经济增长，具体到实处就不是那么容易了。问题集中出现在如何平衡各方利益以实现和谐发展方面。在目前欧盟内部相对分立化的格局下，真正意义上的统一市场还很遥远。除此之外，法国和欧洲社会党成员充满野心的欧元区预算提案激怒了多数的欧盟成员。一旦法国能够私下说服德国加入其阵营，那将意味着其与荷兰等反对支付更多预算资金的国家之间矛盾的激化。对于后者而言，之所以站在反对者的角色，是因为现阶段关于预算机制的调整与所谓新的预算工具的运行，很可能使得他们这些努力维持本国公共开支平衡的国家最终沦为开销大国的补偿者。这是他们不愿接受的结果。

理想化的提案，各方争持不下的局面，成为欧盟会议讨论的日常。而各方对于携手并进的口号也逐渐产生了听觉疲劳。长此以往，带给欧洲经济发展的将会是更加艰难的未来。

《回声报》2019 年 5 月 21 日刊

全球经济增长——贸易战的牺牲者

本周二，经济合作与发展组织（Organisation de coopération et de développement économiques，OCDE）论坛在巴黎举行。秘书长安赫尔·古里亚（Angel Gurria）责令政治领导人切勿陷入毁灭性的贸易战之中。经合组织发表了关于经济前景展望的报告，着重指出贸易战正逐步升级，使本就不甚乐观的全球经济增长再受打击。

今年世界国内生产总值将增长 3.2%，比去年 11 月的预测降低了 0.3 个百分点。2020 年预期将重新上调至 3.4%，但倘若贸易战持续加剧则无法保证。秘书长葛利亚警示道，企业不会在不了解商业关税环境的情况下盲目投资，目前最迫切的是就多边主义展开谈判。投资增长实际上正在逐渐放缓。经合组织预测 2019 年至 2020 年期间年增长率为 1.75%，然而 2017 年至 2018 年为 3.5%。2017 年贸易增长率为 5.5%，今年勉强达到 2.1%。

目前，中国经济增速放缓，中方提出的经济带计划收益并没有得到保障。今年中国 GDP 增长率将达到 6.2%，明年为 6%。正如经合组织首席经济学家劳伦斯·布恩（Laurence Boone）所说，倘若中国未来两年内需求减少 2%，世界国内生产总值将因向中国出口的减少而下跌近 0.8 个百分点。这对美国 GDP 的影响相对较小，但日本、东亚及其他出口国将受到更大的影响。在美国方面，今年增长预期为 2.8%，一旦美国总统特朗普的财政重振政策实施完成，2020 年增速将放缓至 2.3%。而欧洲的经济形势则相对脆弱。经经合组织计算，欧元区经济增长率仅为 1.2%，法国的 GDP 增长 1.3%，由于恶劣的贸易环境，德国

（0.7%）和意大利（零增长）的经济状况比法国更加艰难。

距 2008 年金融危机已有十余年，经合组织对持续降低的失业率表示欣喜。布恩表示这为未来的消费提供了保障。不过，秘书长葛利亚指出这些新创造出的工作岗位技术性低且收入微薄。我们仍需努力，改善弱势员工的处境，帮助他们更好地融入这个日趋数字化、技能要求专业化的经济社会。这是未来发展的一大关键。

另外，基础建设的投资也是一大挑战。大约一半的企业以数字化基建及交通方面存在障碍为由，拒绝投资。经合组织指出，以德国为首的一些欧洲国家掌握着预算机动余量，应鼓励他们投身到基础设施及交通运输的建设中去。对此，一些人则认为无法判断目前矛盾的局势是好是坏。但无论如何，切不可沾沾自喜、故步自封。

《回声报》2019 年 5 月 22 日刊

贸易争端威胁全球经济增长

随着中美紧张关系的进一步加剧，经济合作与发展组织为贸易战对全球经济的影响而感到担忧。经合组织秘书长安赫尔·古里亚警告，贸易战"造成了不确定性"，这使公司不愿进行投资，鼓励家庭储蓄而不是消费，进而减缓了经济增长。

古里亚强调，"进行多边会谈"是"紧急的"。经合组织认为必须通过"加强国际合作，同时改善法律框架"来解决冲突，这是对世界贸易组织（Organisation mondiale du commerce，OMC）改革的暗示。在全球范围内，贸易增长已经大幅下降。古里亚指出："贸易增长从 2017 年的 5.5% 下降到了 2019 年的 2.1%，而原本预计的涨幅应该是世界范围内各国国内生产总值增长的 2 倍（接近 7%）。"

经合组织首席经济分析师劳伦斯·布恩详细分析道："在美国，就业状况良好，经济增长强劲，但这将在 2020 年趋于稳定。在欧盟国家内，尤其是在德国和意大利，制造业受到贸易压力的影响。"但德国和意大利不是唯一受影响的国家，因为价值链已"完全整合到了欧洲内"。布恩还提到，在中国，增长放缓的速度快于预期，其采取的应对措施是否有效"仍有待证明"。

与其他地方一样，在中国，私人债务的增加也引起了经合组织的担忧。超过一半的债务证券处于投机之中，如果由于贸易紧张局势而造成系统性冲击，数千亿美元的债务可能会贬值并进一步使公司陷入困境，从而"造成混乱"。古里亚认为这种混乱出现的风险很高。另一个风险是当前增长的质量不高。古里亚强调："生产力增长缓慢，新的工作质量低下，薪资水平低，员工在新的数字环境中缺乏良好的培训。这将造成更多的不平等现象。"经合组织坚持认为未来迫切需要对基础设施进行投资，甚至对员工的工作技能培养进行投资。

《费加罗报》2019 年 5 月 22 日刊

法国政府开启最低保险制度重大改革

　　欧盟选举已落下帷幕，改革的列车重新启动……位于头等车厢的是社会援助金的改革，据马克龙政府统计，这项改革花费了一笔"疯狂的巨款"。总统在去年 9 月发布了消除贫困战略，计划 2020 年实施全民职业普惠收入（revenu universel d'activité，RUA），这是他五年任期内的战略方针。国务秘书杜布瓦（Christelle Dubos）女士提交了消除贫困的文件报告，此项艰巨任务已于今春开展，她将与卫生部部长阿涅斯·布赞（Agnès Buzyn）一道展开制度协商及公共对话。还有两日，菲永政府的就业互助补助金（revenu de solidarité active，RSA）便已运行了 10 年，前总理米歇尔·罗卡尔（Michel Rocard）于 1989 年创建的前最低安置补助制度也将就此机会再次改革。

　　本次对话是为了对各级协会、当选人、地方行政区域测试改革的不同方案，然后通过互联网向市民征求意见。RUA 会将各项社会补助金最大限度地重组为一项津贴，更加简便且促进就业。第一步，合并至少三项相关最低社会保险：RSA，住房补助（les aides au logement）和活动奖金（la prime d'activité）。活动奖金于 2016 年由就业奖金（la prime pour l'emploi，PPE）和结业奖金积极互助收入补助金（RSA activité）合并而来，每人每月可获得 90 欧元的福利。今年年初为回应"黄马甲"暴动，受惠人数扩大到 500 万人（即增加了 120 万户家庭）。第二步，RUA 将融合其他社会福利，比如成年残疾人补助（l'allocation adulte handicapé，AAH）、额外残疾福利金（l'allocation supplémentaire d'invalidité，ASI）、年轻人就业保障（la garantie jeune）或最低养老金（le minimum vieillesse)。

国务秘书杜布瓦女士表示，此次改革的唯一目标在于简化流程，使社会福利体系更加高效。现行体制过于复杂，法国民众无法从中获利。最终，RUA 将实现无须申请，款项将由行政部门直接发放给符合要求的民众的目标，以避免漏发。目前 40%的 RSA 潜在受益者都因程序过于复杂而被漏发福利金。2018 年 7 月马克龙在消除贫困战略发布会上表示，受惠者需完成登记流程，且不可以拒绝至少两项适量的工作、活动或培训，以作为对福利金的回报。当前符合条件且涉及此次改革的夫妇与子女共计约 700 万人，占总人口的 11%。

《费加罗报》2019 年 6 月 1 日刊

外国投资：法国依然坚挺并超过德国

尽管欧洲环境艰难，贸易关系紧张，英国脱欧充满不确定性，意大利民粹主义抬头，但法国对国际投资还是充满吸引力的。安永（Ernst & Young）审计精算会计事务所在本周二公布了最新经济吸引力排行榜，外国企业 2018 年的在法投资有所增长。与此同时，法国通过奢侈品产业超过了德国。德国去年仅获得了 973 个外国投资项目，减少了 13%。法国成为外商在欧投资的第二大目的国，仅次于英国。

去年，外国在欧投资出现了自 2012 年以来的首次下降（4%）。法国的最大竞争国——英国和德国受影响最大。法国经济和财政部部长勒梅尔欣慰地表示，在欧洲投资下行的趋势下，法国是唯一一个增长的欧洲大国，这也是改革实行两年来的一大成果。法国商务投资署（Business France）首席执行官勒库蒂埃（Christophe Lecourtier）表示，自 2017 年以来，法国《劳工法典》和税收制度的成功改革向国际投资者发出了有利信号。而英德两国分别由于脱欧和就业难题对外资失去了吸引力。德国近两年来一直是法国第一大工业投资方，这为法国，尤其是上法兰西大区和大东部地区，创造了就业机会。此外，在外国在欧工业投资方面法国仍位居第一。在科技研发中心的数量上，法国也名列欧洲首位，去年统计项目共 144 个。

安永合伙人莱米尔特（Marc Lhermitte）就欧洲对投资者的吸引力指出，法国去年不得不面临两大冲击：一是外部的，英国脱欧的延时和经济增长的放缓；二是内部的，推进改革过于困难。但"黄马甲"并没有对法国经济吸引力造成破坏。

去年，马克龙效应充分发挥其优势。据安永调查，55%的国际领导人认为法国的经济吸引力在未来三年将有所改善。今年仅有30%的国际领导人这样认为，因为投资项目需要多年后才能获得成果。鉴于技术税（GAFA 税）落实，欧盟委员会换血，经济增速放缓（尤其是汽车领域）等原因，当前的不确定性愈加严重。这些都会对外国在法投资造成影响。为了抵抗恶劣的形势，外国投资者纷纷呼吁法国应继续改革，尤其是在培训、教育、劳动价值降低和税收制度方面，法国应加强自身的优势。

《回声报》2019 年 6 月 4 日刊

低利率渐引不安局势

　　低于 1%的房贷利率，德国长达 10 年的国债负利率……这些前所未有且出乎人们意料的财政状况或将持续下去。欧洲央行上月再次声明，至本年年末，包括目前采取的零利率向各银行借贷的措施在内的各项利率政策都会维持现状。有关人士分析，在即将于本周四在立陶宛首都维尔纽斯召开的货币政策会议上，欧洲央行或许会上调各项利率。而美联储（la Réserve fédérale）也早在今年 1 月叫停已于 2018 年年末缓慢增长至 2.5%的各项利率。

　　不断下跌的经济增长率，使得许多国家时时作出调整，而这也导致各中央银行不得不中断其货币政策标准化的进程。此前，为摆脱 2008 年经济危机，各大中央银行都采取了相对温和的措施，避免重蹈 1929 年经济大萧条时期的覆辙。据巴黎高等商学院（HEC）教授维罗妮卡（Véronique Nguyen）回忆说，当时的美国工业受到重创，近三成劳动人口失去就业机会。而因过度借贷所导致的 2008 年经济危机，迫使经济参与者抛售资产，进而导致负债无力。但近乎零的利率政策被认为是用以刺激负债能力的举措。实际上这一方法的确起到了一定的作用，甚至使国家经济的负债能力出现了盈余。2018 年以来，经合组织成员国的公共债务由国民生产总值的 70%上涨至 110%。今年 5 月初，法国外贸银行（Natixis）首席经济学家帕特里克·阿图斯（Patrick Artus）明确表示，利率如上调，于许多国家而言意味着无法偿还的巨额利息，这其中就包括法国，如此一来必将造成大规模经济波动。本周二，国际货币基金组织法国事务负责人迪莉娅（Delia Velculescu）指出："近年来法国负债不断增长，一旦陷入危机，就其劳动力现状而言将很难应对。"

不过有些经济学家对国家公共负债的危险性持保留态度，特别是在这部分负债用途相对有价值的情况下。支持"现代货币理论"的右翼思潮，想法则更不一样：假设利率低于经济增长率，债务在国内生产总值中所占的比重将会相对降低，那就意味着国家以更少的费用借贷，不用花费多余力气就可以逐渐免除债务。这一观点遭到了国际货币基金组织总裁克里斯蒂娜·拉加德（Christina Lagarde）的反对，她表示这种方法的有效性不会持续太久。

银行对于低利率的态度并不友好：因贷款收益被不断蚕食，无法为存款客户带来有效收益，进而导致客户不得不转用其他理财方式。而欧洲央行副主席金多斯（Luis de Guindos）却认为，低利率是利大于弊的，"负利率源于刚刚恢复不久的欧洲经济，这样做是为了使银行获利"。而企业也同样可以从中赚得好处。虽然零利率意味着投资获利不多，但从另一个角度来看，相关借贷要求也没那么严格了。不过这也会带来不好的后果，即产生越来越多的"僵尸企业"（指丧失自我发展能力，必须依赖非市场因素即政府补贴或银行续贷来维持生存的企业，编者注）。它们无法正常盈利，只能依靠债务利息率的下降来维持生计。对于想要通过不动产获利的家庭而言，利率下调的确是有利的，但对于依靠储蓄手段的家庭而言则不那么乐观了。与 2008 年占国民生产总值 3.4% 的利率收入相比，如今这一数字仅为 0.8%。如此这般的利率，会不会导致欧洲经济引火上身？许多经济学家担心这会带来投机泡沫。许多城市的房价暴涨，企业大量收购和添置股票，这一系列的行为并不会刺激经济增长，它只会为富人谋利。

可利率也不是轻易就可以上调的，如何避免经济衰退、泡沫幻灭甚至随之可能产生的社会骚乱，对于那些反对降低财政支出的国家而言都是关键性的问题。事实上，无人能够预见经济的走势，维持现状或许是更好的方法。

《费加罗报》2019 年 6 月 5 日刊

"法国制造"产品消费量下降

　　法国国家统计与经济研究所在周三发表的一项研究中强调了"法国制造"的重要性。根据研究所的数据,2015 年,广义上的"法国制造"——也就是说,考虑到法国制造的商品和提供的服务——占家庭消费的 81%。但是"法国制造"在家庭消费中的占比呈下降趋势。在 2005 年至 2015 年期间,"法国制造"在家庭消费中所占的份额下降了约 2 个百分点,是同期发达国家平均下降幅度的 2 倍。这意味着每年减少的"法国制造"消费金额超过 250 亿欧元。

　　显然,一切都取决于消费类型。家庭大量消费的服务(美发、交通、医疗、餐饮等)基本上是法国国内提供的,占比平均超过 90%。就制成品而言,这一比例要低得多,仅为 36%,非食品仅为 15%。尽管如此,每个家庭根据其成员的年龄及其人数、收入和一家之主的身份,依旧或多或少地消费"法国制造"的商品和服务。退休人员和管理人员对"法国制造"的消费量更大。退休人员的住房支出所占比例很高,管理人员享受了更多的文化、休闲和餐饮服务,而这些服务通常是法国本地提供的。

　　该研究的负责人解释说:"相反,工人和农民将大部分预算分配给饮食,而在法国生产的食品和饮料则较少。"在法国,年轻人的消费量比老年人少。同样,家庭的可支配收入越低,"法国制造"的商品和服务的消费量就越低;家庭规模越小,"法国制造"的消费量就越高。大家庭将大部分预算分配给服装(通常是进口服装)支出,分配给住房的预算则较低。

此外，最大赢家是德国，"德国生产"占了法国进口消费产品的最大部分。总体上，法国人消费的进口产品中有13%来自德国，而美国产品占8%，中国产品则占7%。

《回声报》2019 年 6 月 6 日刊

购买力的提高支撑法国经济增长

　　根据法国国家统计与经济研究所于 6 月 20 日（星期四）发布的最新报告，2019 年第二、三、四季度国内生产总值预计都分别增长 0.3%。这样的规律增长将使今年的年增长率达到 1.3%。该研究所表示："如果2018 年主要由外贸拉动经济增长，那么 2019 年内需则发挥了更大的作用。"在 2018 年 12 月宣布的紧急措施和价格大致稳定的支持下，今年的购买力将增长 2.3%（每消费单位 1.8%），这是自 2007 年以来前所未有的增长率。

　　近几个月来，民意调查显示民众的消费信心明显恢复。如果民众消费倾向能发挥作用，那么年内他们在商品和服务上的支出将略有增长，在第二季度增长 0.3% 之后，预计第三季度将增长 0.5%。消费将在 2018年仅增长 0.9% 之后，达到年均增长 1.3% 的水平。这些变化可能看起来微不足道，但是消费仍然是法国经济增长的主要动力。消费在法国国内生产总值中的占比达到一半以上，其发挥的良好作用对法国经济的健康运行起着决定性作用。

　　今年，消费将受到劳动力市场活力的支持。在第一季度急剧加速的就业增长率将继续保持其良好的发展势头。根据研究所的数据，继 2018年新增 18.2 万个工作岗位后，今年将新增 24.1 万个工作岗位。这将进一步降低失业率（到 12 月时约为 8.3%）。

　　尽管存在招聘困难的问题，但企业的士气确实不错。衡量商业环境质量的数据远高于其长期平均水平。在 2017 年和 2018 年推动经济增长的投资增长已经放缓，但仍处于较高水平，2019 年将再增长 3.3%。

目前的主要不确定因素（国际背景之外）涉及家庭购买住房。他们为 2016 年开始的经济复苏作出了巨大贡献。但是，自 2018 年年底以来，这一数据明显下降。根据全年来看，购房费用支出将下降 0.3%。

《世界报》2019 年 6 月 22 日刊

法国 "共和国前进" 党议员
欲压缩资方减税政策

是否该重新考虑奥朗德责任公约中投票通过的减税政策呢？据法国经济分析委员会（CAE）专家表示，总理智囊团将会重新开启看似已经完结的争论。两名"共和国前进"党议员萨夏·胡比里（Sacha Huinco）和皮埃尔·佩森（Pierre Person）根据 1 月发布的结论，试图在经济法草案之初展开辩论。

周三的公报显示，两位议员第一时间提议重新考虑减税政策。其中某些水平的工资则不列入考虑范围（如 1.7 倍或 2.5 倍的最低工资标准），因为它们并不能创造更多的就业机会。节省下来的金额可用于减除生产税，由此便可以简化国家公共政策，促进竞争力和就业的发展。

为了支撑他们的提议，议员们咨询了十几位经济学家以及法国企业运动联盟（MEDEF）和法国民主工联（CFDT）的代表，大部分专家表示对生产税重塑充满兴趣。二者在报告中从促进就业的角度列举了多项税务免除政策，包括巴拉杜尔减免、朱佩折扣、奥布里措施。最终赋税问题是在菲永和奥朗德的责任公约下得以减轻。如今这些减免政策在公共财政中价值 600 亿欧元。

虽然这些减免最初针对的是低工资，但在上一个五年期计划中已延伸到了更高的工资（1.6 倍至 3.5 倍最低工资标准）。法国经济分析委员会专家在报告中强调，最高工资阶层并没有展现出对就业的影响。资方代表则反对道，这项研究仅实行一年，减税政策需要更长的时间来产生作用。

　　本月，智囊团"法国策略"将发表新评估。胡比里和佩森二人建议，如若评估结果不佳，那就应为 2020 年经济法草案而放弃税务免除，2.5 倍或 1.6 倍最低工资除外。随后，他们提出了两种方案，一种方案是仅取消最高工资阶层的税务减免；另一种方案则更显得野心勃勃，即政府将重新考虑除 1.6 倍工资以外的减税政策，同时将对公司地方财政发起进攻。

《回声报》2019 年 7 月 3 日刊

构建非洲共同市场　前路漫漫

为确保经济解放，"非洲必须团结一致"，加纳前总统于 1963 年写道。这一说法似乎指导了新非洲大陆自由贸易区（Zlecaf）的建立，7 月 7 日和 7 月 8 日在尼亚美（尼日尔首都）举行的非盟峰会将庆祝这一提议的正式生效。联合国非洲经济委员会前执行秘书，同时也是该提议的创始人之一卡洛斯·洛佩斯（Carlos Lopes）高兴地说："这是一项强有力的政治行为，它将建立起全球最大的关税区。"具体而言，是在五到十年内对 90% 的产品取消关税。根据卡洛斯·洛佩斯的说法，取消关税壁垒可能会使非洲内部贸易增加 50% 以上。

然而这些计划真的能实现吗？玛泽公司合伙人阿卜杜·迪奥普（Abdou Diop）提醒道："我们不能立即为胜利欢呼，现在才是真正的开始。"自贸区的建立只是一个框架，其中的所有内容都需要明确。"各国将在 10% 受保护的关税税率的范围内采取什么措施？"这位来自非洲市场的专家质疑道，"如果每个国家都只考虑自己的利益，就有可能将在非洲开展的一切贸易都排除在外。"

另一个阻碍则涉及对于原产地的定义，即授权将产品标记为"非洲制造"从而从特惠关税中受益。因为非洲已经有八个区域经济共同体，所以针对这一问题的讨论变得非常艰巨。此外，公路和铁路的短缺使成本增加，物流因此成为主要障碍。并且，非洲的工业基础十分薄弱，出口到其他大陆的物品大多为原材料。据阿卜杜·迪奥普所说："我们需要产业政策来确定每个国家中能够整合到区域和全球价值链中的部门。"同时还需要克服许多国家的担忧，一些国家担心竞争加剧对其新兴产业的影响，海关税收的减少则引起税收贫乏国家的忧虑。

事实是，最大多数人的政治意愿将决定该提议的前进方向。在 7 月 2 日尼日利亚签署协议后，协议的批准速度对于该项目的推进来说无疑将是一次考验。

《世界报》2019 年 7 月 5 日刊

法国经济学家：为了节省十亿欧元而牺牲改革是毫无意义的

经济学家安托万·博齐奥（Antoine Bozio）是退休制度方面的专家，他的意见引发了法国民众对"积分制"政策落实的支持。他认为设置一个退休基准年龄并不是促使投保人缴费时间更长的最有效的方法。法国退休体系正面临彻底改革，主要目的是为了简化程序，确保体系平衡。当前国家养老体系处于盈利状态，义务退休和公共养老金占 GDP 的 14 个百分点。退休年龄推后，导致了养老金的小幅下调。假设经济增长将快于养老金涨幅，那么退休制度在未来应接近平衡。可民众对该体系的前景依旧缺乏信心，反对声音主要来源于对养老金相对工资存在贬值的风险的担忧。如果经济并未如预期般增长，那么退休金赤字可能会呈爆炸式增长。

在他看来，保持平衡需参考退休体系的参数，无论人们是在 62 岁还是 67 岁退休，他们都能收到以前所缴的费用。比额表会随人口结构和寿命长短而变化，但并不会受到经济增长的影响。而针对总理菲利普提及的"年龄平衡"，他表示在未来的"积分制"体制中，没有季度金也没有能拿到全额退休金的年龄，需要确定一个基准年龄，目的是为了避免有人退休时只能拿到极低的养老金。不过，目前制定的基准年龄为 64 岁，这在博齐奥看来并不符合逻辑，同样年龄但不同职业的劳动力价值是完全不同的。平衡年龄须随时代而变，否则无法保证平衡。而对于低收入人群而言，则需要在新体制下改善收费，而不能像如今一样设置上限金额，以期增加其养老金。

　　与传统养老体系相比，积分制度的优势在于，在任何想要获得补偿的停工时期，如生育、疾病或失业期，都可以得到 100% 的补偿。这比季度奖金更有效，因为季度奖金的计算会降低基本工资，从而降低养老金。在新的制度下，可以对投保人进行全额补偿，所有驱动杠杆都会对养老金产生直接影响。

《回声报》2019 年 7 月 8 日刊

为抵御经济风险，欧洲中央银行
做好了随时调整的准备

6月，在葡萄牙辛特拉举行的欧洲中央银行年度论坛（le forum annuel de la Banque centrale européenne）上，欧洲央行行长马里奥·德拉吉（Mario Draghi）表示，如果经济前景没有改善，欧洲央行将必须介入。尽管宏观经济指标没有明显恶化，但涉及无协议脱欧、中美贸易争端或美欧贸易争端，风险并未消失；而法国对科技四巨头（谷歌、苹果、脸书、亚马逊）的征税则成为潜在的争论焦点。安盛集团（AXA，法国安盛集团，全球最大保险集团）首席经济分析师吉尔斯·默克（Gilles Moëc）说："在欧洲央行的讨论中占主导地位的不是风险的当前状况，而是风险的发展趋势：问题在于情况不会改变。"而欧洲央行则担心这些不确定性因素的持续存在会影响投资，进而影响经济。市场通货膨胀的预期仍然疲软，6月，欧元区的价格上涨幅度为1.3%，与欧洲央行的2%的中期目标相去甚远。而此后的利率可能会创造欧洲央行的"历史更低纪录"；目前存款利率为-0.40%，即对银行存放在欧洲央行柜台的过多流动资金征税的负利率，然而自周四开始，欧洲央行可能对存款利率进行更大程度的降低，以期鼓励银行放贷。专家们普遍认为，9月欧洲央行发布其宏观经济预测时，利率将会下调。

欧洲央行还可能启动一项新的量化宽松资产赎回计划，该计划将实施到2019年年底。通过该计划，它已向市场注入2.6万亿欧元来激发活力。默克表示，"在理事会中，降低利率要比政治上更具争议的量化宽松政策更容易达成一致意见"，他预计该计划不会在7月或9月重启。

宽 松 政 策

除欧洲局势外，美联储（Le système de la réserve fédérale）于7月31日发布的降息预期也证明了欧洲放松货币政策的合理性：如果欧洲央行没有反应，美国利率下降将推动欧元兑美元汇率攀升，并会造成欧洲出口的损失。

百达集团（Pictet，一家瑞士私人银行和资产管理公司）的娜迪娅·加尔比（Nadia Gharbi）和弗雷德雷克·杜克罗泽特（Frederik Ducrozet）表示："我们尚不清楚欧洲央行是否想赢过美联储，但到月底美联储降息50个基点的风险可能仍会影响平衡。"默克认为："与美联储一起参与下降趋势对欧洲央行来说是相当冒险的，因为美联储降息的速度可以更快，程度可以更大，目前，美联储利率处在2.25%和2.50%之间。"经济学家认为，新西兰甚至印度已经降低了利率，这是对中国经济放缓或是中美贸易紧张局势"共同冲击的分散反应"。

《回声报》2019年7月25日刊

法国欲为 2020 年财政计划
增加 30 亿欧元预算

在法国政府夏季假期来临之际，法国总理菲利普于本周五在马提翁宫会见了法国经济和财政部部长勒梅尔、公共财务与行动部部长达尔马南、卫生部部长布赞，主要商讨如何通过各种渠道寻求额外的 30 亿欧元以实现 2020 年的财政计划。而如果想要在明年将财政赤字控制在国内生产总值的 2.1%，这额外的 30 亿欧元将是不可或缺的。

为达成这一目标，法国政府自计划确立起，数月间可谓使出了浑身解数：为解放财政生产力而制定的"多劳多得"机制、包括设立新的减免税种在内的各类短期退休政策轮番接受审视。接下来就是筹措资金的问题，然而想从政府在职人员手中获取这部分资金，希望渺茫。达尔马南此前表示，在目前在职的政府人员中，已经出现了部分人心浮动的现象，而这可能与 1.5 万个公务职位的取缔这一决定有关，这一数字在马克龙总统最初的五年计划中为 5 万个。

政府预算专家转而将筹措资金的希望寄托于社会层面，并探索出了许多条道路：有专家提出要重新修改父亲陪产假，或者就向条件优渥的家庭所发放的补助金作出修改；另有专家提出通过修改相关参数杠杆以削减病假津贴，等等。有政府工作人员表示，国家目前在做的，是制定与财政相关的法律法规，所以反反复复的讨论修改是很正常的。不过在经济增长水平等多方面都已显露出向好的趋势，这也使得未来经济局势令人期待。

《回声报》2019 年 7 月 25 日刊

欧元区的经济增长明显放缓

每个星期，欧洲的经济前景似乎都在变得更加黯淡。7 月 31 日，欧盟统计局的数据证实了过去几个月放缓的经济增速：第二季度，欧元区国家与欧盟国家的国内生产总值仅增长了 0.2%，为第一季度增长率的一半。牛津经济研究院（Oxford Economics）的尼古拉·诺比勒（Nicola Nobile）表示："这些数字表明，随着外部条件的恶化和不确定性因素的持续增加，欧洲经济一直在放缓。"意料之中的是，欧洲经济的萧条很大程度上是因为全球普遍存在的不可预测性。美国制裁的威胁仍然笼罩在汽车工业之上，而中美贸易战也未出现缓和迹象。为了降低美元价格并提高其出口商的竞争力，美国可能会干预外汇市场。

我们还必须考虑"硬脱欧"的情况，自鲍里斯·约翰逊上任以来，这种情况又有可能出现。布鲁塞尔消息人士称："新任英国首相似乎想让英国在未达成协议的情况下于 10 月 31 日退出欧盟，但更可能的是，英国脱欧将再一次推迟。"但这还不是全部。法国外贸银行的经济分析师帕特里克·阿图斯提醒："仅国际贸易的放缓不能完全解释欧洲出口的疲软：结构性因素也起作用。"全球对工业产品的需求呈下降趋势，而对服务的需求却在增长。然而，欧元区很大部分对外贸易都针对工业。

在就业方面，虽然目前状况维持良好，6 月欧元区的失业率也有所下降，但这方面不确定的状况也增加了很多。最近几周，工业订单大量减少，许多公司计划降低招聘速度。因此，就业增长的速度可能会在今年年底前逐渐减缓。其他经济学家正在仔细研究最新的调查数据和指标，以确定工业萧条是否正在逐渐扩散到其他经济部门（例如服务业），但到目前为止，这些部门的表现一直不错。这些研究会阐释主要靠就业改善拉动消费的家庭会作何反应。

如果算上通货膨胀率（通货膨胀率从 6 月的 1.3% 降至 7 月的 1.1%），那么欧洲中央银行可能会在 9 月为经济提供新的支持。特别是，它可以重新启动其公共和私人债务回购计划（量化宽松政策）。欧洲央行行长马里奥·德拉吉在上次新闻发布会上提到：欧洲央行将尽一切努力使价格指数最终收敛至 2%。牛津经济分析家断定："在没有新的外部冲击（例如贸易战升级）的情况下，欧洲央行可能推行新的宽松政策以消除欧元区经济衰退的风险。"

《世界报》2019 年 8 月 2 日刊

员工薪金储蓄：分配金额大幅增加

去年 5 月，"推进企业增长与转型行动计划"法案（la loi Pacte）颁布，旨在促进员工薪金储蓄。本周四，劳动部研究局（Dares，la Direction de la recherche du ministère du Travail）发布报告，其结果可以说是鼓舞人心的。在 2017 财年（通常与 2018 年用于职工分红和利润分成的款项相对应），企业支付了近 190 亿欧元的员工储蓄，其中有 184 亿欧元是员工数为 10 名或 10 名以上的企业支付的，而上一年为 171 亿美元。与 2016 财年相比，用于支付的金额持续增加了 6.6%。这一趋势由利润的强劲增长推动，今年利润增长了 9.1%，而 2016 年的增长幅度为 3.5%。员工分红虽涨幅较小，与上一年的 5.5% 相比略有下降，但涨势依旧明显。雇主对公司储蓄计划（plans d' épargne entreprise，PEE）和退休集体储蓄计划（plans d' épargne retraite collective，Perco）的缴款分别增长了 4.9% 和 5.9%。

活 力 依 旧

这个趋势应该会继续下去。尽管劳工部还没有 2018 财年的数据，但指标仍然可以说明这一趋势：根据社会保障账户委员会（la commission des comptes de la Sécurité sociale）的说法，社会收入基数（占员工薪金储蓄的 20%）预计今年将增长 4.8%。这个增长速度快于工资总量。

这种活力的另一个迹象是：劳动部研究局强调，平均支付的保费金额增加了 151 欧元，每位受益人的保费达到了 2512 欧元，这主要是由于利润的增长。鉴于 36% 的员工至少参与了两种储蓄计划中的一种，这部分员工同时获得了员工分红和利润分成，因此比例持续提高了 6%。雇主支付的资金对员工薪金储蓄计划的影响幅度较为有限，公司储蓄计划和退休集体储蓄计划的平均增长额分别为 556 欧元和 724 欧元。受益于利润分成和员工分红的员工在公司储蓄计划或退休集体储蓄计划中冻结了 57% 的金额，其余则按照员工自身需要来使用。

研究表明，即使员工薪金储蓄计划继续推进，受益人数也会缩减。约有 880 万人，即非农业市场部门雇员的 49.9%，可以参与至少一个 2017 财政年度的员工薪金储蓄计划，这比上一年下降了 1.8 个百分点。而小型企业的员工很少能从利润分成、员工分红或员工薪金储蓄计划中受益。在雇员少于 10 人的企业中，只有 11.2% 的员工可以参与员工薪金储蓄计划；而在雇员达 1000 人或以上的企业中，这一比例则为 86%。劳动部研究局提到，该方面的结构性门槛是 50 名雇员，雇员超 50 名的企业必须强制其职员参与员工薪金储蓄计划；劳动部研究局计算得出，在这种情况下，参与率为 4%（雇佣规模为 10—49 人）到 38.9%（雇佣规模为 50—99 人）。

《回声报》2019 年 8 月 2 日刊

法国：贸易逆差

如果说中美贸易战在太平洋两岸掀起了不小的动荡，那么在这场经济战中似乎法国并未受到太多的波及。恰恰相反，从今年 8 月法国海关公布的数据来看，法国更像是这场战争中的受益者。尽管在 6 月有所下降，但与去年同期相比，今年法国出口金额增长了 146 亿欧元。这在法国经济学家史蒂芬眼中看来，可以算得上是一个很好的经济开局。这样的经济表现能否让深陷出口逆差的法国摆脱困局？答案是否定的。15 年来，法国都处于出口贸易逆差状态，直到今年 6 月其出口逆差额还达到了 52 亿欧元，前两个季度的逆差总额共计 269 亿欧元。不过目前看来，2019 年并不算一个太差的年份：与去年第一季度相比，目前法国的进出口贸易差额为 53 亿欧元，这得益于航空、化学、奢侈品、食品加工等众多关键行业的成功发展。

美国经济的高速发展为众多法国企业带来了无限的商机。根据国际货币基金组织估算，今年美国经济将持续增长 2.9%，这将成为法国的航天工业和制药业两大核心制造业的机会。在过去一年中，法对美呈贸易顺差状态，经济学家认为，今年法国将依旧保持势头。而在太平洋另一端的中国，虽正经历经济增速放缓的现状，却始终是法国第二大出口商品市场，特别是在航天（尽管有些滞销）和奢侈品这两大领域。与此同时，法国于今年年初向韩国出口了大宗高科技产品，这得益于自 2011 年起法国与韩国签订的自贸协议。法国经济学家表示，当下的中美贸易战也促使法国的经济发生了转向。

放眼当下的全球经济，无论是亚洲、欧洲还是新兴的经济发展国家，都处在不稳定的状况中，但这却也带动了保值经济的发展。以珠宝行业为例，为保护富豪们的利益不受损害，该行业通常会设立避害基金。法国经济学家费尔南德（Bruno de Moura Fernandes）表示，在通常情况下，诸如化学、制药、制酒和皮革加工等，是受世界经济波动影响较小的行业。而法国之所以可以在当下的萎靡经济中保持强劲势头，与这些专业化行业的发展不无关系。他同时也表示，法国是从英国脱欧进程中受益的众多国家之一，无论是药品还是汽车，都在今年2月、3月实现了销量的激增。这一情况可能会持续到10月底英国实现硬脱欧。不过汽车行业却是充满着不确定。

法国出现的消费增长，经过经济学家的分析，是与逐渐恢复的进口经济分不开的。如果说法国的经济好转靠的是运气，恐怕这一好运也不会持续下去。最新的调查显示，近几个月法国的汽车、冶金和电子行业的出口订单都有明显减少。尽管从第一季度数据来看，出口对法国经济有所助力，但从全年的时间跨度来看，出口依旧是法国经济的重大短板。另外，无论是从国内生产总值还是从出口份额而言，今年的情形远不如2018年。不过，如果放眼整个欧元区，法国的表现还是远远胜过德国与意大利的。

《世界报》2019年8月8日刊

负利率：赢家与输家

去年 6 月起，法国政府在市场以负利率发行 10 年期债券。无论是家庭还是企业，贷款利率也大幅下降。国家无疑是最大的赢家。10 年期国家债券利率于周一接近 0.35%，而去年春季政府预测长期债券利率于年末将达到 1.25%。经审计局统计，2019 年利率下跌将为国家财政节省 4 亿欧元。"共和国前进"党议员约埃尔·吉罗（Joël Giraud）在预算总报中表示，如果利率维持现状，法国明年将节省 40 亿欧元，至 2022 年甚至可节省 220 亿欧元。

对家庭来说，情况较为复杂，因为家庭成员既是借款人又是储户。储蓄最多的人，常常是最富裕的人，他们将受到不利影响，储蓄收益将大幅下跌。但安盛投资管理公司（AXA IM）负责人洛朗·克拉维尔（Laurent Clavel）认为降息对家庭的总体影响是积极的，家庭成员可以重新与银行协调利率并降低贷款月供，从中获得更多的消费余额，同时降息可以促进借贷的增长。

长期定期贷款的平均利率从 2017 年 7 月的 1.62% 降至上个月的 1.39%。法国 Candriam 投资集团首席经济学家安东·布伦德（Anton Brender）估评说，自 2013 年起，降息使法国家庭赢得了平均 1 个百分点的可用资金，总计约 1300 亿欧元，这是一笔巨大的数额。但 Candriam 投资集团另一位经济学家佛罗伦萨·皮萨尼（Florence Pisani）则委婉表示，影响将渐渐减弱，利息金额不再仅仅占家庭可支配金额的 1%，但也不会降为 0。

需要注意的是，法国家庭的借贷仍活力十足且普遍高于邻国。2018

年年末，法国人贷款占其可支配收入的 95%，此比例在德国人中表现为83%，意大利人为 61%。贷款赐发增长过快，每年增幅为 6%。法国企业也面临同样的情况，借贷急速攀升。

另一个风险在于不动产泡沫的形成。实际上，利率降低会刺激家庭借贷消费，从而导致不动产价格攀升。因此，高级金融稳定委员会（Le Haut Conseil de stabilité financière）对房地产市场进行了监管，以避免对其他经济部分产生负面溢出效应。

降息同样会削弱银行力量，打击其盈利能力。尽管目前法国的情况并非我们所见的那样，但金融机构发放信贷的能力最终不应受到影响，否则将会影响国家经济活动。同样地，出售退休储蓄产品的保险人直接受到了负利率的打击。尤其是他们都在寻找安全的证券，如德国或法国的债券，但这些恰恰都是负利率的债券。

《回声报》2019 年 8 月 20 日刊

打击增值税逃税或将追回几十亿欧元

　　逃税已经成为法国人关心的一大问题。尽管打击偷税漏税很大程度上取决于更好的国际合作，但法国也在不断地加强立法，减少财政收入损失，保证税收公平。7 月末部长会议后出台的经济法草案中将包含最新指示。法国公共账务与行动部部长达尔马南表示，将成立财政情报小组，专门整顿增值税缴纳黑名单中的电商企业。

　　刚刚出访巴拿马的达尔马南指出，法国财务行政团队与巴拿马政府新成员进行了会晤，并签署了议定书，规定双方每年将举行两次会议以便信息共享。若合作顺利，法国将考虑将巴拿马从逃税黑名单中移除。如今，逃税问题成为人民关心的首要话题，部长认为对国家而言，下一步在打击偷税漏税行为的行动中，必须掌握并善于利用信息自动交换而得到的数据。至于下一步立法发展，将考虑在经济法草案中加入一项欧盟指令，要求亚马逊（Amazon）或阿里巴巴（Alibaba）等线上平台缴纳增值税。这对于遵守规则的法国平台来说，是个好消息。不缴纳增值税的企业将会受到惩罚。从长远来看，普及电子发票制度是有必要的，其中也包括中小企业，可以从源头检察漏税现象。对打击逃税，法国的态度是很坚决的，但也要给予企业充分的时间来适应新政策。

　　同时，国家将会增加税收情报搜集工作。目前，法国情报系统有 6个机构，其中主要负责打击洗钱和海关犯罪的是行动和情报处理中心（Tracfin）以及国家海关情报和调查局（DNRED），将要求他们组建一个超出常规行政技术的税收情报团队。尽管达尔马南解释，打击逃税的本意并非平衡收支，但这一行动的确可以追回几亿甚至几十亿欧元的税款。最晚在 11 月，审计院将会发布共和国总统要求的报告，作出对偷税漏税行为的评估。

《回声报》2019 年 8 月 23 日、24 日刊

法国 2020 年预算：
政府将很难达到其赤字目标

法国政府一直遵循着五年计划之初确定的方针，并未过多干预预算。但随着 2020 年经济法草案（le projet de loi de finances，PLF）出台之日的临近，政府需采取行动。因此法国经济财政部本周末将向公共财政最高委员会传达关于 PLF 的主要设想。

此外，经济局势的外部环境仍蕴含着重大的未知因素。不过，目前法国的经济抵抗程度仍强于邻国，法国经济和财政部部长布鲁诺·勒梅尔在上周四证实了 2019 年 1.4% 的经济增长预期。

令人惊讶的低利率

尽管法国相较其他国家并不偏重于出口，但依旧受到了中美贸易战的冲击，而这场"战争"可能导致明年全球经济增长率有 0.5% 的下滑。在经济衰退的阴影下，德国在预算重振方面的不作为让法国深感挫败。

除经济增长、财政回归的预期之外，支出方面同样在政府内部引起了争论。上周，法国借贷 101.4 亿欧元，债期为 15 年，创历史新高。这是法国首次以负利率借贷。此前，公共财务与行动部部长达尔马南宣布 2019 年债务支出已降低 20 亿欧元，审计院经计算表明 2020 年这一数字将攀升至 40 亿欧元。今年夏初，法国经济和财政部发布的评测指出明年降低的赤字目标为 30 亿欧元。但再节省 30 亿欧元，"总统可能并不愿意"，行政部门痛苦地表示。

处于 2.1%和 2.2%之间的赤字

7 月提出的各种方案被证实是行不通的。一些人主张削减超过 1.6 倍最低工资标准的赋税，但经济和财政部部长勒梅尔拒绝了这个提议。每日津贴项目已被推迟，一些敏感问题（如重休育儿假或富裕家庭的津贴问题）也被搁置一旁。

最终，2020 年赤字预期（当前为国民生产总值的 2.1%）应处于国民生产总值的 2.1%和 2.2%之间。"要想 2020 年赤字达到国民生产总值的 2.1%是非常困难的，"法国经济和财政部的一位负责人坦言道，"重要的是保证结构性赤字不会再增加了。"对于政府其他行动的预算规划而言，现在绝非有大动作的时候。

《回声报》2019 年 9 月 9 日刊

法国经济和财政部部长勒梅尔
敦促企业证明其"存在的必要性"

民法和商法在今年春天颁布的"推动企业增长与转型行动计划"法案（la loi Pacte）中得到了修改，以保证企业能够在追求经济效益的同时，明确自己的社会职责。如今，在经济和财政部部长布鲁诺·勒梅尔的敦促下，由国家持股的法国企业需提供有效凭据，以证明其在社会事业方面得以存在的必要性。之所以会提出这样的要求，是因为于政府而言，经济与社会的协调一致是他们追求的目标，政府希望借此机会增强企业的社会与环境责任感。此提议提出至今已有四个月，只有少数企业响应，其中包括法国电信运营商 Orange；还有许多民营与互助会形式的企业也纷纷参与其中，如法国零售巨头家乐福（Carrefour）、IT 行业巨头源讯（Atos）等。相关人士表示，这项举措不仅可以增强企业信心，更重要的是，它是一项公共事业，意义非凡。而对于那些尚未提供证明的企业，勒梅尔认为，现在的躲避将成为其日后人员招聘和与客户展开合作的绊脚石。

自"黄马甲"运动以来，"极度的资本主义"可以说是法国各方在经济问题上批判最为严厉的。法国劳工部部长佩尼科（Muriel Pénicaud）表示："如果利益是唯一的追求，那资本主义必将走入死局。长此以往，也定会滋生保护主义和民族主义，这无论是对商业还是对民主的发展都将是有弊无利的。"经济和财政部部长勒梅尔也在接受采访时表示，20世纪的资本主义在现在是行不通的，他会在"推动企业增长与转型行动计划"法案中提出建议以构建全新的资本主义制度。这一新的资本主义制度将在公有企业中率先得以实施，以期为所有企业在社会与环境责任意识方面树立榜样。

《回声报》2019 年 9 月 13 日刊

购买力的提高将继续
推动法国 2020 年经济增长

法国中央银行（la Banque de France）周二表示，今明两年的经济增长率预计为 1.3%。出口将明显放缓，外贸将对经济造成压力，但今年购买力的增长非常明显。

2019 年人均购买力预计增长 2.3%，这是 2007 年以来的最大增幅。并将创造约 27 万个就业机会，工资将增长 2%，而通货膨胀率（预计仅为 1.3%）将保持在较低水平。

政府政策将为每个家庭节省相当于 1 个购买力点的支出。然而到 2019 年，消费的增长速度将几乎是购买力的一半，这表明居民更倾向于储蓄。法国巴黎银行经济分析师海伦·鲍琼（Hélène Baudchon）说："购买力各项指标向好，但民众的确谨慎起来了：今年部分购买力将转变为预防性的储蓄。"她表示："目前还不能确定是否需要对未来的养老金改革持担忧态度。"法国金融服务集团奥都公司（Oddo）首席经济分析师布鲁诺·卡瓦里尔（Bruno Cavalier）预测："就业增长没有减弱，招聘意向仍然很高，失业忧虑也将因此降低。"购买力和消费的走向可能在几个月间有所改变，但整体情况仍然乐观：明年预计新增 17 万个就业岗位，工资上调（1.9%）以及财政政策的调整（2020 年所得税降税）也将继续拉动购买力。

通货膨胀将在很大程度上得到控制，因为明年的商品价格只会上涨约 1.1%，这将使消费增长 1.7%，进而带来储蓄比例的下降。

情况好于德国

影响经济发展的重大风险其实依旧存在：无协议脱欧，油价上涨或中美贸易战恶化等。除此之外，法国应坚决抵御全球经济放缓。法国外贸银行经济研究总监帕特里克·阿图斯表示："法国可以承受各种不利因素：公共赤字增加，工资的上涨大于生产力所得，而且法国几乎不受国际贸易刹车的影响。"但值得注意的是，法国近十年来经济增长的确超过了德国。

《回声报》2019 年 9 月 18 日刊

法国向危害环境的财政把戏发起新冲击

在众多失败的原因中，煤炭税遇到了其他污染源从未有过的问题。必要税收委员会（Le Conseil des prélèvements obligatoires，CPO）证实了周三发表的报告所指出的环境税收确为 870 亿欧元。许多经济部门常常优先发展自身竞争力，而对煤炭税收制度"置若罔闻"，审计院已对这些"受益者"提起诉讼并呼吁重审他们的违规行为。

CPO 列举了 19 项对环境有害的税收优惠政策，共计 55.2 亿欧元，且几乎全都与国内能源产品消费税（la taxe intérieure de consommation sur les produits énergétiques，TICPE）有关。其中包括自 2014 年煤炭税设立以来便被免除了的空中及海上运输的税务、铁路交通的部分税务，并给予了农业、房屋建设与公共工程的税收优惠政策。对 CPO 来说，这是与"谁污染，谁补偿"原则相矛盾的。审计院已多次揭露了这个危害环境的财政骗局，最后一次交锋可追溯至 2016 年的一篇报告。报告指出，法国并没有为自己在环境保护方面的许诺付出努力，甚至没有达到欧盟的指标。

经 济 支 持

国家对于薄弱领域的经济支持通常会引起争议，这不仅限制了此类企业的发展，同时由于邻国的碳氢燃料相对廉价，也滋生了逃税的行

192

为。报告着重指出，在法国运行的75%的国外重工业企业都不在法国给
设备供给燃料，TICPE的经济补偿却同样惠及了这些企业。房屋与公共
工程在非运输用途的柴油方面也享受着较低的柴油税，这种现象应在3
年内消失。预算报告指出航空运输将要缴纳"环境税"，此外铁路运输
的TICPE同样将面临每升燃料2%的涨幅。

煤炭税的进账去了哪里？

"黄马甲"运动中曾提出过这个问题，对此政府去年不得不停止对
此税的增收，但却从未有过确切答复。CPO在周三的报告中强调，税收
进账用途的透明公开将对这项税收的民众接受度起着至关重要的作用。

审计院的诉讼有利于煤炭税收的重振，同样使得对税收定价不解的
原因逐渐明朗。报告中阐述了自2000年以来TICPE的用途。2000年至
2014年的收入相对稳定，保持在250亿欧元左右。

进账的剧增

自2014年起，在气候税的作用下，TICPE的进账直线上升。根据逐
年上涨的煤炭定价，环境税，而不再是我们所熟知的煤炭税，使TICPE
再次上涨。在最早的两年中，税收余额在国家预算中所占的比例不断下
跌。这与奥朗德政府的承诺相一致，他们曾承诺煤炭税将会为劳动者减
税提供资金支持。

近些年机动车经受的税收上涨并不能全部归咎于煤炭税。在环境税
草案出台后，TICPE中柴油的税率在2015年曾有过上涨（轻型车辆上
涨2欧分/升，重型车辆上涨4欧分/升），以填补法国交通基础建设部
门的财政负担。

CPO指出了煤炭税的模糊概念。审计院院长迪迪埃 · 米古（Didier

Migaud）建议："我们应区分煤炭税和能源产品消费税，将后者变成区分盈利行为和日常行为的标准。"调查表明，如果不提高煤炭税，法国将无法达到它的环保目标。

《回声报》2019 年 9 月 19 日刊

失业保障：法国工会和政府就改革带来的影响产生分歧

今年 6 月中旬，法国总理菲利普在引入失业保险改革时保证：出台新的补偿规则（更多恢复就业的激励措施），同时建立费用雇主分担机制，目的是延长固定期限合同和增加法国官方就业指导中心的资源，并且有望在 2021 年之前减少 15 万至 25 万的失业人数。法国工商就业联合会（Unédic）表示，在针对改革影响的某项研究中显示，在新规影响下平均每年的失业总人数可减少 7 万，截至 2022 年可减少总计 21 万人。

不过据数据分析，采用新补偿规则的第一年，在可能失业的 260 万人中，几乎有一半会受到负面影响，这也是工会对于引入新政策持反对态度的原因之一。

详细来说，由于新的资格条件，大约有 71 万人将要面临延迟补助或补偿期限缩短的困境（新标准规定的申领资格为在过去的 24 个月中必须工作 6 个月，而原先的标准是在过去的 28 个月中必须工作 4 个月）。在改革的第一年，4/10 的受益人将受到津贴计算方法变更的影响。另一项受到强烈谴责的措施是从第 7 个月起降低 57 岁以下的原月总工资超过 4500 欧元的失业者补贴：从 2020 年年底开始，该措施每个月将多影响 1000 名至 2000 名受补偿者；自 2026 年起，每天平均预计有 40000 名受益人被牵扯其中……法国劳工部辩白称，这些数字令人震惊，但要谨慎对待，并解释新规定将不会追溯适用。另外，正如工会在其文件中明确指出的那样，法国工商就业联合会其实并没有考虑到改革介入行为带来的影响。

　　显然，预测是通过将新规应用于失业者的历史就业记录来实现的，而准确地说，新规寄希望于就业市场的活力来帮助失业者重返优质工作岗位。法国工商就业联合会表示："有必要进行跟随观察和评估，尤其是对其他补助措施的推迟影响，比如说对低收入家庭补助金发放的推迟影响等。"

　　工会提出的另一项指责是，该研究没有量化法国官方就业指导中心资源增加对签订短期合同的人的预期效果。法国工商就业联合会也没有考虑过，如果对津贴的计算规则进行修改，意味着1/5的失业者（即60万人）将无法获得高于其原平均收入水平的补偿的局面。

　　法国工商就业联合会强调说，虽然新规有各项不完善，但与断断续续的工作方式相比，效果还是"略胜一筹"的。虽然目前失业者每个月可能有部分津贴的损失，但可以通过更长的补偿期来补回。例如，一个人在过去的12个月中有9个月在断断续续地工作，根据现行规则，他可以领取的补贴按9个月计算。而未来按照新规定，是按照12个月计算。结果就是，虽然每个月津贴减少了1/4，但可以领取津贴的时间又多了3个月。

　　劳工部还重点介绍了辞职人员和自由职业者的新失业权益。每年有4.7万至6万人可能会从总统马克龙此前的许诺中受益。

《回声报》2019 年 9 月 23 日刊

法国经济增长受挫，
但不会因全球经济放缓而中断

美国总统特朗普可以对从中国进口的商品加征关税，英国人可以就脱欧争论不休，全球经济可能会动摇，但法国仍将保持积极状态。这是法国国家统计与经济研究所专家在周四发布的最新预测。尽管国际环境恶化，法国国家统计局仍预计第三季度和第四季度会有 0.3% 的经济增长率，按整个 2019 年来看，经济增长率为 1.3%。

法国国家统计局经济事务部（le département de la conjoncture de l'Insee）负责人朱利安·普热（Julien Pouget）观察到："法国的主要经济伙伴正面临越来越多的政治和经济不确定性。"法国商品的六大进口国都遇到了问题：德国质疑自身经济政策，并几乎进入经济衰退期；意大利经济发展势头弱，新政府刚刚上台；西班牙将于下个月举行大选；比利时还没有组建新政府；英国脱欧的形势比以往任何时候都更加不确定；在美国，货币政策引起了争论。

国内需求状况良好

法国经济有两个优势：它受到国际动荡的影响比德国小，并且因"黄马甲"运动而采取的措施得到了预算支持。这大大保证了法国雇主的士气。普热表示："国内需求是法国能维持经济增长的一个重要支撑。"下半年，法国经济预计将创造约 10 万个就业机会。工资继续稳定增长，人均增长幅度大约达到 2%。国家统计局经济综合部门负责人弗雷德里克·塔莱（Frédéric Tallet）认为："工资收入是购买力增长的主要贡献者。"并且由于通货膨胀率（一年中略高于1%）仍在很大程度上受到控制，因此购买力应会增加2.3%。

然而，储蓄率依旧很高，消费增速没有购买力增长那么快。增长的工资中有很大一部分被存入了银行。这是一个经常性现象：当购买力增加时，家庭往往会优先进行储蓄。普热解释称："购买力增长后，向消费的转变需要三到七个季度。"

这使我们能期待明年上半年的好开端。这位经济分析师强调："尤其是因为目前出口并未受到世界贸易放缓的太大影响。"但是法国2020年的经济增长将部分地取决于邻国的发展状况。因此，他警告说："如果德国的内需减弱，最终可能会影响法国。"而且，英国无协议脱欧可能会对法国经济产生重大影响。

《回声报》2019年10月7日刊

所得税，避税窟……
法国经济预算"烫手山芋"多多

10 月 8 日至 10 日，法国国民议会财政委员会将对 2020 年财政法案（le projet de loi de finances，PLF）进行审议。14 日展开讨论并于今年 12 月末得出最后结果。这是马克龙任期内作出的第三份预算，假设与前两份相比，这次预算不具备强大的说服力，那或将导致其与反对党在众多问题上的大辩论。

首要的是地方税收改革。自 2021 年起至 2023 年，将逐渐取消对占法国人口总数 20% 的优渥人群的居住税，如此一来，就必须要找到其他的方式以弥补居住税取消为地方带来的资金减少。与以往参考通货膨胀调高税率不同的是，中央政府现如今想要自 2020 年起采取固定税率的方式。执政党内人士表示，地方税收改革或许会在市镇议会选举前夕染上更加浓郁的政治色彩，事态一旦演化至此，将会是火上浇油。尽管地方不想与中央在税收上展开拉锯战，但必要时还是要进行商谈。只不过，一旦开始新一轮的商谈，那此前所作出的各种牺牲让步都将付诸东流。

降低所得税：中产阶级成目标

90 亿欧元个人所得税、10 亿欧元企业所得税的下调，是政府财政法案中的重头戏。有关数据表明，对于一位单身从业人员，如其月收入为 2000 欧元，税改后，他每年所需缴纳的所得税为 1066 欧元，与之前相比减少了 549 欧元；对于三口之家而言，如月收入为 5100 欧元，那其每年所需缴纳的所得税将减少 898 欧元；对于四口之家而言，如月收入为 5600 欧元，那其每年将少缴纳 908 欧元的所得税。这是此次所得税降税中获益最高的三种情况。另外，与过去实施延期收税不同的是，现在劳动者每月的工资条上将会显示预先扣除的所得税数额，但这种方式并不能使人直接感受到减税带来的益处，尤其是对那些截至 2018 年按季度缴纳税款的人员而言。而这一微不足道的改变也成为右翼势力声讨政府税收改革的证据。

能源税引不满

鉴于政府的"绿色"财政计划，有关环境方面的税收尤其受到关注。而其引发的不满主要集中在将能源过渡期的抵扣型减税转变为补助津贴。而其征收人群将依旧是低收入家庭，优渥家庭被排除在外。政府还必须为取消非公路柴油税收的举措作出辩解，以平息在 2018 年引起的中小型企业的强烈不满。

《世界报》2019 年 10 月 9 日刊

“统一税率”到底给公共财政带来了什么？

"法国策略"（France Stratégie）公布了税收制度改革后的最新评估，结论与参议院提交的"影子报告"（contre-rapport，民间组织利用国际公约进行政策倡导的一种手法）相同，认为现在评估巨额财产税（l'impôt de solidarité sur la fortune，ISF）改革在不动产方面产生的作用为时过早，提及了改革中未被媒体关注的"单一税"（un prélèvement forfaitaire unique，PFU）。参议院公布了公共政策研究所（l'Institut des politiques publiques，IPP）对于2013年累进税务表的发展评估和马克龙上台后"统一税率"回归带来的影响。

IPP评估的好处在于，它考虑到了收入所得税、强制性社会征摊税的变化，也涵盖了对纳税人行为的调整。报告强调，数据表明此次改革对分红派息存在重大影响，2013年经济紧缩效应减弱，2018年实施30%的"统一税率"效应增强。IPP通过比较相关企业和对照组，明确了税收制度和股息之间的因果关系。参议院表示，若股息税升高导致分配减少，那么该措施的财政汇报将低于预期。

经IPP统计，2013年股息及红利计算表的发布，使得国家损失了4亿欧元的收入所得税和5亿欧元的强制性社会征摊税，然而政府预计将获得4亿欧元的额外收入。相反，2018年的改革在收入所得税和强制性社会征摊税方面比预期节省了5亿欧元。

这一切都是以股息升高并不会导致高管工资降低为前提，工资降低会导致社会保险金收入的减少。从这点来看，2018年我们并没有经历经济倒退，这是不同寻常的。我们仍需评估此次股息涨幅造成的宏观影响。参议院表示，短期内收入增长可以补偿剩余价值收入中期内的减少。实际上，股息增长会导致公司资产的下跌和转卖价值的贬值。

问题在于，我们要知道股息是如何用于再投资的。IPP 研究表明，尽管资金自给有很大的空间，但 2013 年至 2017 年累进税务表并没有为公司投资起到正向作用。也就是说，没有付给股东的钱也没有用于再投资。

《回声报》2019 年 10 月 10 日刊

法国经济和财政部部长勒梅尔
重新向生产税发起进攻

为了成为政府供应政策的倡导者，法国经济和财政部部长布鲁诺·勒梅尔宣布将重新向生产税发起进攻。他希望降低这项税收：生产税并非针对利润，而是基于营业额或是土地。每年企业为此需支出 720 亿欧元，这也极大地惠及了地方政府。这场战役涉及法国企业运动联盟（mouvement des entreprises de France，MEDEF）。本周二工会、资方及行政机关将齐聚法国经济财政部，就去年 4 月马克龙发表的《生产公约》（pacte productif）展开讨论，届时经济和财政部部长勒梅尔将就此发表声明。

勒梅尔在周一表示，生产税已极大地危害了法国企业。法国的生产税是德国的 10 倍，是其他欧盟地区平均值的 2 倍。近 20 年里，法国是企业外迁数量最多的欧洲国家，如生产税仍保持当前水平，法国企业将永远不会回归本土。不过他同时也表示，在 2021 年经济法草案出台前将不会作出任何财政决定，且仲裁权属于总统。但他还是留下了一些线索：政府考虑采取以研发费抵税政策（le crédit d'impôt recherche，CIR），根据研发投入和减排成效降低生产税，这类似于前几年的"企业竞争力与促进就业可抵扣税"政策（le crédit d'impôt pour la compétitivité et l'emploi，CICE）。

除此之外，政府还需与地方行政部门及生产税受益者进行沟通。距总统决断还有 6 个月的时间，政府将与各大部门在此期间解决这个问题。此后将会出台新的《法律公约 II》（loi Pacte II）。财政税收并不是未来《生产公约》涉及的唯一问题。勒梅尔表示，在全球工业最发达的 7 个国家（德国、加拿大、美国、法国、英国、意大利、日本）之中，法国的工作时间远远落后于他国，很多职业无人从事，且在发明创造方面存在不足。政府将以 2025 年达到充分就业为目标，将失业率控制在 4%—5%。然而去年 6 月失业率为 8.5%，自 1979 年以来的 40 年间，法国失业率从未低过 5%。

部长表示目前仍存在生产水平降低的风险。法国 5% 的企业占本国出口总量的 90%。欧洲研发投入排名前 15 名的企业中，仅有一家法国公司：达索系统（Dassault Syatème）。如果不改变目前的模式，未来会有降级风险。

《回声报》2019 年 10 月 15 日刊

法国财政：三十年来，税收增多，不平等加剧

国民议会于本月 14 日进入对 2020 年预算法草案的讨论环节，其中包含一个重要部分：取消对主要住宅的居民税和地方政府税金改革。仅仅这一项条款（第五条），就不少于 25 页，而且围绕此项的辩论将占用很长时间。地方税收极其复杂，而且很少能按照时间分析。地方性税费多年来在强制性税费中的占比大大增加。1986 年至 2018 年，其在强制性缴款总额中所占的比例从 10.4%增加到 14.3%。1986 年，地方政府的税收达 320 亿欧元，占其运转资金的 57%；32 年后，这一数额上涨至1500 亿欧元，占其运转资金的 66%。2018 年，三种称为"家庭税"的地方直接税（房产税、有建筑物地产的土地税、无建筑物地产的土地税）共计 570 亿欧元，占地方政府收入的 38%。

房产税（Taxe d' habitation）

房产税将被暂缓执行，至少对主要住宅是这样，但次要住宅的房产税依旧要缴纳。房产税由市政集团全额征收，2018 年金额为 227 亿欧元：155 亿欧元来源于市镇，71 亿欧元来源于城镇集合体。

次要住宅房产税占房产税总量的 10%，超 20 亿欧元。根据法国国家统计与经济研究所的数据，法国在 2018 年统计到了超过 350 万套不动产。因此，即将取消的房产税对次要住宅占比较多的地区影响较轻，这些地区大多为沿海或是山岳地区；相反，如果次要住宅所占比例较低，

税收会受到极大影响。自 1986 年以来，房产税的收入增长了 4 倍。以恒定欧元计算（除去通货膨胀因素的影响），人均税费翻了一番，平均每年增长 2.2%。

有建筑物地产的土地税
（Taxe foncière sur les propriétés bâties）

2018 年，有建筑物地产的土地税达到了 336 亿欧元。税收分别来自城镇（175 亿欧元）、城镇集合体（15 亿欧元）、各省和地方当局（146 亿欧元）。32 年来，有建筑物地产的土地税增长到原来的 6.7 倍，占比从 16% 增加到 22%。按人均恒定欧元计算，每人缴纳的税费是原来的 3.3 倍。

为了最终取消房产税，政府计划在预算法草案中将有建筑物地产的土地税转移到市镇政府中去。

无建筑物地产的土地税
（Taxe foncière sur les propriétés non bâties）

无建筑物地产的土地税是要向当地政府缴纳的直接税，由于 1993 年及 2006 年实施了逐步免税，所以增幅最小，年均增长率为 1.6%。

2018 年，无建筑物地产的土地税总税收达到 9.81 亿欧元。其平均税费为每位居民 12 欧元，范围从 1 欧元到 52 欧元以上。

经济类税收（Impositions économiques）

截至 2010 年取消前，企业专业税（taxe professionnelle）是地方政府的主要税收来源，占各项税收总收入的 1/4 以上（27%）。2009 年，其税收总额为 314 亿欧元：市镇收入为 43 亿欧元，城镇集合体收入为 146 亿欧元，省级部门收入为 94 亿欧元，各大区收入为 30 亿欧元。

　　企业专业税的取消为一系列企业以变动税基为基础缴纳的税费空出了位置。一个是地方经济税（Contribution économique territoriale），它由企业增值税（Cotisation sur la valeur ajoutée des entreprises）和企业房产税（Cotisation foncière des entreprises）组成；另一个是企业集团承包税（Imposition forfaitaire sur les entreprises de réseaux），集团通常包括多个组成公司。

　　法国作家阿方斯·阿莱（Alphonse Allais）曾说过："充分利用税收，减轻纳税人负担。"地方税收错综复杂，其组成部分的多样性以及税率、税基、减税或免税的参数显示了实现这句箴言的难度。

　　尽管在过去的 30 年中进行了许多改革，但不平等现象仍在增加。

　　除了要考虑征税平等和地区公平外，这项任务因考虑将税收制度由以既得利益为基础调整为更加适应现今多变的利害关系而变得更加艰巨。

《世界报》2019 年 10 月 16 日刊

法国失业保障新规将发挥显著作用

本周五，失业保障改革后的第一批措施即将实施，预示着改革拉开序幕。改革内容反映了马克龙在总统选举时秉承的理念：鼓励重返工作岗位，与工作的不稳定性作斗争。失业保障改革新规计划在两年内为法国工商业就业协会（Union Nationale pour l'Emploi Dans l'Industrie et le Commerce，UNEDIC）节省 37 亿欧元，该计划的赤字曾达到 350 亿欧元。

修改领取补助的条件

获取失业救济金所要求的工作时间从现在开始将变得更加长。任何在失业局新注册的人想要获得失业保障金，必须要证明自己在过去 24 个月（原为 28 个月）内从事过 6 个月（原为 4 个月）的工作。改革还修改了再次获得领取补助权利的规则：在恢复工作的情况下，必须要重新工作满 6 个月（原为 1 个月），才能继续延长领取补助的期限。从 2021 年开始，这项措施将每年向失业者发放 10 亿欧元，这将帮助 71 万名失业者。

逐渐减少对管理层人员的补助

57 岁以下的失业局新注册者如果之前每月税前收入超过 4500 欧元，其保障金将从第 7 个月起减少 30%。这项措施每年将影响约 7 万人，预计在 2022 年将节省 2.2 亿欧元。

辞职者和个体经营者领取保障金的权利

从现在起，过去 5 年中一直工作的人，在终止雇佣合同并参与职业培训时能获得职业保障金。受益人数估计为 1.7 万人到 3 万人，每年政府将支付 3 亿欧元。经营活动至少持续 2 年且收入有所下降的个体经营者，在 6 个月内缴纳社会公共税（contribution sociale généralisée，CSG）、社会保险债务偿还税（contribution au remboursement de la dette sociale，CRDS）和个人所得税（impôt sur le revenu）后，每月可以获得约 800 欧元的津贴。预计每年将有约 3 万人受益，政府每年将为此支付 1.4 亿欧元。

改革新规的其他措施将在未来几年内生效，所有这些措施（有可能在两年内净花费 34 亿欧元）将对接受补助的失业人员人数产生重大影响。据法国工商业就业协会预计，265 万受补助者中有一半将受到影响：24 万人将无权继续获得补助金，42.4 万人将获得平均低 20% 的补助金，29.1 万人可领取补助的时间将会被缩短。

《费加罗报》2019 年 11 月 1 日刊

法国政府依靠良好税收
得以坚持 2019 年财政方针

本周四，政府出台了 2019 年经济法修正案草案（le projet de loi de finances rectificative，PLFR），作出与几个月前相同的前景预测，公共赤字将达到 GDP 的 3.1%。PLFR 中没有发布任何税收新政策，法国经济财政部表示，这是建立在多种假设下最为稳妥的管理制度。

内容看似相同，但作用略有改进。现存政策节省的开支低于预期（至少 5 亿欧元，几乎没有信贷核销），但通过高税收和低利率得到补偿，低利率也极大降低了债务成本。

法国经济财政部预测今年 GDP 增长 1.4%。这是一个高于共识的数据，国际货币基金组织周三发布的预测显示法国的 GDP 仅增长 1.2%。高级理事会评估认为，政府的预测仍是"可实现的"，但这建立在"第三季度经济活动至少增长 0.5%"的基础之上。

尽管经济韧性较差，但国家还要面临新的开支。为此经济财政部年内不得不贷款 26 亿欧元：其中 8 亿欧元用于"活动奖金"，6 亿欧元补偿个人住房补贴（Aide Personnalisée au Logement，APL）改革延期造成的损失，3 亿欧元推动柴油车换车津贴成功实施，另外 1 亿欧元用来发放寻求庇护者的福利补贴。

而且，高级委员会希望引起地方政府对支出超额风险的重视，尤其是在投资方面。今年前 9 个月，此项支出增长 1.9%，然而政府预估为 1.5%。今春政府计划降低 15 亿欧元的开支，最终预期下调到 10 亿欧元。为了实现该目标，政府首先利用了预算应急储备余额，尽可能避免信贷核销。

政府确实留有其他手段，来实现其预算目标。税收超过去年 9 月预测的 11 亿欧元。高级委员会表示，这归功于一些强制性税负的小规模调整（收入所得税、房产转让税、不动产税）。预算顾问指出增值税收也有超预期之势。本周三是自 9 月以来首次呈现的短暂积极态势，极低的利率水平有助于政府实现其预算方针（计划降低 16 亿欧元的债务负担）。

《回声报》2019 年 11 月 7 日刊

法中签订多项协议，农业成合作焦点

　　法国总统马克龙此次访华的目的之一是落实近几年中法两国在多领域提出的合作构想。总统率领由法国众多企业主组成的代表团出访中国，并强调"虽然中法友谊不断升温，但经济领域的合作却始终没有进展"，因此是时候向前迈进了。

　　此次访华期间，中国方面提出了150亿美元的合作项目，涵盖航空航天、农业、金融和能源等多个领域。目前这一数字还未得到法国官方确认。以农业合作为例，包括家禽、牛肉、猪肉及其食品加工在内的20项企业合作协议已达成，还有超40项的合作协议将于年底前签订。一旦协议达成，将意味着法国的牛肉终于可以出现在中国人的餐桌之上，每年预计将有40万吨牛肉出口至中国，这对法国的牛肉业而言意义非凡。与此同时，法国也将用至少一年的时间推进禽类产品进入中国市场的步伐。作为法方的重要提议之一的中欧地理标志协定（le zonage）也将于2020年开始生效。该协定旨在保证法国的猪肉产品出口能够在遭遇猪瘟时不受影响。

　　在航空航天领域，法国主营航天设备和防务安全的赛峰集团（Safran）与中国的合作伙伴一同建立了产品与配送的合营企业。该公司为中国 AC 352 型直升机提供发动机，并已宣布将以10亿欧元的价格向七彩云南通用航空有限公司出售120台 LEAP 1A 型发动机。另有30亿欧元的订单即将签订。法国空客与中国国家发改委共同签署了一项合作备忘录，在一定程度上拓宽了空客的发展道路。同时，法国地方飞机制造商 ATR 此次也成功打入中国市场。

在能源方面，与法国预期的结果一致，中法双方未能就废旧核燃料回收工厂的落成达成协议。无论是选址还是价格，开展这项合作的法国核能公司新阿海法（Orano，原 Areva）与中国中核集团（CNNC）未能达成共识。这项长达 10 年的协商目前已价值 200 亿欧元，可以确定的是，双方并不会取消合作，在明年 1 月底前协议定会签订。不过，其他能源方面的合作却取得了成果，例如斥资 10 亿欧元，法国能源公司 Engie（前苏伊士环能）与中国北京燃气集团（Beijing Gas Group）将共同建造落户于天津的液化气储存站，以及由法国巴黎银行（BNP Paribas）和中国保险公司（CIC）合作，以扶持法国及欧洲中小型企业与中等规模企业的投资基金也将得以创立。

马克龙也借此访华之机，就有关多边主义的问题与中方领导展开会谈。此外，他表示，相信至 2020 年秋，欧洲经贸保护协定定会签署，而法国也希望在下一届 G20 峰会召开之前，世界经贸组织（OMC）可以就其内部改革提出更加切实可行的意见。

《费加罗报》2019 年 11 月 7 日刊

数字税：新规则将会对法国造成怎样的影响

经济合作与发展组织建议征收数字税一个月以来，各国纷纷开始清算。该税的核心在于更改转移定价规则，以增强消费国的影响力。在上周的"Ideethic"会议上，欧盟财政部部长皮埃尔·格拉门纳（Pierre Gramnana）提出："卢森堡与法国都十分担忧，就消费而言，法国6500万消费人口与14亿中国人相比无足轻重，我们应在欧盟内部进行协商。"法国私营企业协会（l'Association française des entreprises privées, Afep）回应称格拉门纳的建议缺乏评估。法国雇主联合会（mouvement des entreprises de France，Medef）也作出回应，若法国没有凭此政策获得足够的税收，恐怕政府还要继续增税。审计院则在报告中支持资方，表示应评估经合组织谈判对经济的影响。

最初，法国发起了关于数字税的讨论，以加重国内美国巨头企业的赋税。但中美两国要求将征收的关税重新分配给消费国，法国也必须与之达成妥协。至此经合组织内部分裂为两派，一方认为应针对营业额超过7.5亿欧元的公司更改转移定价规则，它们直接关系到最终的消费者；另一方则主张法德两国提议的最低税收制度。如此一来，法国的奢侈品、红酒、酒精饮品及医药企业巨头将受到影响。

经合组织12月将发布对各个国家的评估，该组织的税收政策负责人帕斯卡·圣奥曼斯（Pascal Saint-Amans）保证没有国家会是输家，只有避税天堂会是失败者。Stehlin & Associés事务所内部税务专家文森特·雷努（Vincent Renoux）对此表示：与德国相反，法国更是一个消费国。很多法国跨国集团会向总部所在国缴税。面对这些潜在的损失，必须权衡预期的收入。它们不仅来自互联网公司，还来自那些建立了最优模式的企业（如星巴克、麦当劳等），而它们主要集中在瑞士、爱尔兰或卢森堡，以实现利益最大化。

草案还存在很多不确定性，如营业额的分界线是否应设为 7.5 亿欧元。目前，该法案仅涉及与最终消费直接相关的企业（如奢侈品、消费品和电商相关企业）。但此法案对某些企业的适用性仍存疑，如法国电力部门和米其林公司，原因是它们的消费对象既有企业又有个人。

《回声报》2019 年 11 月 13 日刊

欧洲范围内银行经营持续性疲软

2012 年，欧盟为应对单一货币危机决定成立"银行业联盟"（l'union bancaire）。2014 年 11 月，欧洲中央银行具有了监督欧盟内主要银行的第一个支柱型职能。目前，欧洲央行作为"系统性"的区域银行监管者，监管范围涵盖 116 家银行，占欧洲区域银行资产的 80%。对于规模较大的银行，欧洲央行将分配 80 位全职监管者，以监督其每次的行动。这些监管人员分别来自两方，一方来自欧洲央行，另一方则由本国监管机构派遣。每个团队由两人领导，一个来自欧洲央行（必须具有与银行所在国不同的国籍），另一个来自本国监管机构.

每两年，欧洲的银行都会受到"压力测试"，以检测其在发生严重危机时的应对能力。监管人员会定期到银行进行访问，他们会在该银行停留两到三个月进行查账。此外，欧洲央行还可以否决任命银行高管的要求。

欧洲银行业联盟的"第二支柱"是单一决议委员会（Conseil de résolution unique）的成立。其职能是处理银行倒闭以防止其"污染"整个金融系统。并且，该机构拥有 330 亿欧元的资金（最终将达到 600 亿欧元）。

但欧洲央行银行监督委员会（Conseil de supervision bancaire de la BCE）主席安德里亚·恩瑞亚（Andrea Enria）惋惜道："欧洲银行业系统仍然高度分散，银行费用高，银行在高新技术上的投资还很低。"欧洲的银行并未真正复苏。银行业状况在欧洲各国家间存在很大差异。在整个欧洲，分散化甚至更为明显：银行本质上仍然是国家的拥护者，它们仅负责本国的事务。国际间的银行联合其实很少，因此很难实现规模经济。

为了促进联合，欧洲委员会正在推动建立欧洲银行业联盟的"第三支柱"：欧洲对银行存款的担保。目前，法律为储户可能遭遇的银行破产提供了 10 万欧元的担保，但这是国家范围内的保障。

欧洲银行业联盟的建立既重要又紧迫。欧洲经济融资主要基于银行。银行的正常运行对经济增长至关重要。欧洲央行监事会（Conseil de surveillance prudentielle de la BCE）副主席伊夫·默斯（Yves Mersch）总结道："如果在 2027 年或 2028 年我们仍未改变现状，届时将面临巨大风险。"

《世界报》2019 年 11 月 16 日刊

法国审计法院呼吁对偷漏税行为采取行动

"全民大辩论"中提出的重大要求之一，是更好地打击偷漏税行为以资助公共服务。鉴于此，总统马克龙于去年春天要求法国审计法院（Cour des comptes）评估偷漏税金额。相关工作人员于周一公布了工作的进展状况。

审计法院已决定暂时（至少在目前）不会发布准确的评估。审计法院第一任院长迪迪埃·米古（Didier Migaud）解释说："鉴于有关行政部门的准备工作不够完善，评估任务又比较艰巨，六个月的时间是远远不够的。"审计法院指出，在美国或加拿大，评估工作花了四到六年的时间。

某些国家可能已经对该问题进行了充分的评估，但法国的情况并非如此，关于偷漏税行为的评估，最后的工作记录可追溯到 2007 年法国强制征税委员会（Conseil des prélèvements obligatoires，CPO）的报告。

当时，所有强制性征税的估值总额为 290 亿至 400 亿欧元。该报告概述了能更好地确定偷漏税行为的方法，但仅仅是一纸空文。米古遗憾地说："2007 年至 2019 年，我们所取得的进展很小。在过去六个月的工作中，审计法院将重点放在了对公共财务造成最大损失的偷漏税行为，也就是增值税（Taxe sur la Valeur Ajoutée，TVA）偷漏税行为上，因为这是国家税收的第一大来源。通过与法国国家统计与经济研究所的合作，审计法院最新评估的"增值税偷漏税额约为 150 亿欧元"。这远超每年欧盟委员会公布的增值税税收的估计差额（2018 年为 89 亿欧元）。审计法院坚持认为需要更好地评估偷漏税行为。法院报告中指出："这种做法符合舆论的期望。"审计法院官员提议深化增值税评估，并将其扩展到其他税种。

评估工作将要求主管部门扩大随机检查的部分，以提供有代表性的纳税人样本。审计法院认为负责评估税收政策的强制征税委员会可以协调这项工作。对于审计法院来说，这种"呼吁动员"是必要的。但米古警告说："评估出的偷漏税金额不能被当作公共机构为自身牟利的'置钱箱'。"

《回声报》2019 年 12 月 3 日刊

欧洲："需要建立一个新的框架"

自 12 月 1 日起，保罗·真蒂洛尼（Paolo Gentiloni）成为欧盟委员会的经济特派专员。在与法国《世界报》（*Le Monde*）和《南德意志报》（*Süddeutsche Zeitung*）的联合会议上，他解释了未来五年将推行的改革政策。此次改革目的在于武装欧洲以应对气候变暖和持续性经济低增长的挑战。在气候变暖战略方面，欧洲尚未达成共识。面对低增长，欧盟内部也对经济政策合作的必要性存在分歧。

真蒂洛尼认为，未来五年，欧洲应调整十年期经济预算政策，寻求更优质的经济合作，转变经济方针。如今，除货币政策方面外，欧盟成员国之间的经济合作过少。现存的合作已运行了十年之久，均是为了应对紧急危机，如希腊危机和主权国债务危机等。

法国总统马克龙在《经济学家》（*The Economist*）中表示，稳定条约和欧洲稳定机制的增长条约规定公共赤字不能超过 GDP 的 3%，然而这已经是另一个时代的事了。对此，真蒂洛尼表示，这些规定是为了避免欧元破产和欧洲经济的崩溃，其在减债、结构性改革、预算余额使用方面表现出低效性。欧盟委员会将于 2020 年第二季度上交修改提案。如今需要建立一个新的经济政策合作机制以达到欧盟国家可持续发展的目标。2020 年，欧盟委员会还将就绿色公共投资进行讨论。

在财政方面，越来越多的国家意识到已经无法阻止"环境转型"的趋势和相关政策。当遇到"catch 22"情况（即左右为难的境地）时，还可以采用求助于税收领域决定多数投票政策，这也是为了避免竞争扭曲对国内市场造成破坏。目前这项条款还未被使用过。

　　面对"环境转型"，最需要帮助的国家在 2021—2027 年将会获得 1000 亿欧元。对此，真蒂洛尼认为，"我们仍面临着一个巨大的政治风险：因为这一问题将再次把企业划分为全球化的失败者和胜利者，中产阶级和大众阶级则会认为精英阶层才是获利者。但这无疑是错误的"。

　　欧洲本计划出台数字税，但未取得成功。今春反对该项税收的三大主要国家是瑞典、爱尔兰和丹麦。目前，经济合作与发展组织就数字税正积极开展协商会议以达成共识，2020 年 1 月底将上交提案。此外，27 个成员国向欧盟委员会提出能源税收制度提案。

　　对于马克龙发表的欧元区预算未见成效的主张，真蒂洛尼表示，27 个成员国就此问题存在分歧，欧盟委员会将围绕 2021—2027 年多年期财务政策展开讨论。这项政策应是向民众传递政治信息、展现预算愿景的契机。

《世界报》2019 年 12 月 10 日刊

法国政府验收对外贸易平台成效

自创立至今，法国外贸出口相关电子信息平台 Team France Export 已投入运行近两年。平台整合多方资源，包括法国商务投资署（Business France）、多家国际商会、法国国家投资银行（Bpifrance）、法国各大区及多家私营咨询公司。法国外交部长让-伊夫·勒德里昂（Jean-Yves Le Drian）于周四同各方代表就在法国各大区设立特别点，专门为想要开展出口业务的中小型企业提供线下与线上相关咨询服务的事项展开讨论。

2020 年是检验该出口信息平台成效的关键一年，通过该平台可以检验各方是否开展了良好的合作。事实上，平台成员间存在许多分歧，而在利益上也存在为数不少的矛盾。外交部表示，平台的建立等同于一次颠覆各方习惯的改革，只有重新调整才能更好地适应。

截至目前，部分数据表现出来的信息还是相当积极的。2018 年 7 月至 2019 年 6 月，法国出口企业增长至 127300 家，较 2017 年同期增长 3%。这一数字虽可喜，但与邻国德国和意大利相比仍有极大差距（此二者的出口企业数量为法国的两至三倍）。除此以外的其他方面并不尽如人意。以"出口通"（Pass Export）协议为例，一年半内仅有 8 家企业签署参与其中。该协议在国家与中小型企业间搭建桥梁，旨在为后者提供获取国家担保及外贸资金的便利渠道。而参与企业必须保证有 20% 以上的出口产品及服务由法国企业进行分包。

在近期的报告中，法国海关指出今年前三季度，法国外贸出口量与外贸需求量相比，增长缓慢。这一差距也为法国为何在世界外贸市场上失去地位提供了一定解释。汽车行业陷入巨大困境，赤字不断加大，甚至可以说是四面楚歌，危机重重。农产品外贸销量看似良好，实际上却仅靠传统的酒类及小麦产品出口在支撑。去年，农业出口赤字高达 1090 亿欧元。如此看来，法国外贸经济依旧面临诸多问题。

《回声报》2019 年 12 月 14 日刊

法国经济：持续增长将为
2020 年国内经济助力

尽管并未能幸免于全球经济放缓带来的影响，但法国经济仍在继续发展。自 2018 年年初以来，法国经济保持着平均每季度 0.3% 的增长速度。根据法国国家统计与经济研究所的预测，这一增长趋势还将持续。研究所的经济分析师预计，在良好的出口和相当强劲的消费支撑下，今年第四季度法国国内生产总值将增长 0.3%。2020 年上半年的经济发展状况也几乎是相同趋势。

如此一来，2019 年法国经济增长率将达到 1.3%，2020 年第一季度将达到 0.2%，在接下来的第二季度中将达到 0.3%。这个速度或多或少地与法国经济的长期增长速度相吻合。法国对于出口的依赖程度低于德国，其经济更依赖于国内消费，因此保有较好的抵御衰退的能力。如此看来，法国今年国内生产总值的增长速度应该比欧元区国家的增长速度更快。

明年，消费将继续为法国经济提供活力。法国人民的消费信心在 2017 年春季得到了一定程度恢复。而且，2019 年的购买力增长趋势得以继续维持，通货膨胀率仍然很低。因此，家庭仍将有足够的消费能力。但未来如果家庭购买力的增长率较 2019 年略有下降，仍将是值得注意的经济信号。

2020 年，法国经济的唯一威胁可能是法国国内的新增就业岗位减少。明年上半年，只有不到 10 万个新增就业岗位。但根据国家统计与经济研究所的调查，这足以继续略微减少失业率。另一个法国经济增长

引擎是公司投资，它始终充满活力。经济分析师弗雷德里克·塔莱特
（Frédéric Tallet） 强调说，投资同样需要引起注意，"商业环境虽仍处于
有利区域，但工业与服务业之间的差异却在增加"，服务行业受益于国
内需求的良好表现，而制造商则受到全球经济放缓的不利影响。另外，
这种内需将减少进口需要，同时出口也将放缓。2020 年上半年，外贸将
使 GDP 下降 0.3%。出口比以往任何时候都更加成为法国经济的致命弱
点。

《回声报》2019 年 12 月 18 日刊

法国债务成本达到 25 年以来最低值

　　法国目前身处矛盾之中，法国国家统计与经济研究所（INSEE）周五的公债报告完美地揭示了这个局面：正如外界过去所担忧的那样，公债第三季度再次突破占比 GDP100% 的关卡，然而债务成本达到 1993 年以来的最低值！具体而言，据法国国家统计与经济研究所统计表明，2019 年 9 月底公共债务占 GDP 的 100.4%，即 24.15 亿欧元。继 2017 年第一季度公共债务占 GDP 比重达到 100.7% 且同年第二季度达到 100.9% 后，今年第三季度再创历史新高。政府对此并不担心，且承诺2019 年年底比重将控制在 98.8%。第三季度债务增长的原因在于技术管理问题，但这并不会影响经济重回原先轨道。

　　十年期之初，评估机构对损失风险作出了 AAA 评级，这也引发了开启地狱之门的恐慌。跨越 100% 大关本应引发公共财政的动荡，然而，欧洲央行的货币政策启动了低利率机制；法国月初也刚刚结束国债发行，并证实国家 2019 年债券平均收益达 0.11%。换言之，法国债券的收益率之低，前所未有。然而财政需求创下 2000 亿欧元的新纪录，且明年预计将再创新高。近几年来该趋势已逐渐显露，债务遗留账单也逐年减少。根据 2019 年最新的政府评估，债务利息已达 359 亿欧元。上一次如此低的利息总额还要追溯到 1993 年（INSEE 统计为 368 亿欧元）。但当时的公共债务仅占 GDP 的 46.3%，并非当前的 100%。尽管我们十分关注信息重担，但若对比 Fipeco 网站统计的数据，我们可以看到惊人的发展。这笔债务成本占 1996 年 GDP 的比重为 3.6%，然而仅占 2018年 GDP 的 1.8%，即 1996 年的 1/2。这一下降趋势始于 1990 年，证明欧元的到来确实给法国带来了诸多利好。在此之后，欧洲央行前行长马里奥·德拉吉于 2012 年提出的非常规货币政策的实行加速了这一趋势。由于今后利率将不再提高，这一趋势将持续至 5 年任期结束。

在此情况下，政府仍全力向减债目标迈进也就不足为奇了。马克龙曾承诺，将利用 5 年时间在其任期结束前将债务占 GDP 的比重降低 5 个百分点。但"黄马甲"危机使预算优先事项改变，政府调整了债务占比 GDP 的预期，从 2017 年的 98.4% 下调至 2022 年的 97.7%。这仅仅是一个微小的下调，然而在春季公共财政经济法草案发布之际，可能还会出现新的变动。

《回声报》2019 年 12 月 23 日刊

欧元区：2020 年展望

本月，据彭博资讯公司（Bloomberg，全球商业、金融信息和财经资讯的领先提供商）收集到的经济分析师的平均预期，2019 年欧元区经济增长率为 1.6%，最终数据可能接近 1.2%（确切数据将在近几个月内公布）。这是自 2013 年经济衰退以来的最差表现。造成经济放缓的主要原因，是中美之间的贸易战比预期的更为激烈，这在很大程度上使德国工业陷入衰退。同时，受柴油危机和电动汽车发展的影响，汽车市场上遭受的严重困难加剧了经济增长的放缓。德国经济曾是欧元区经济增长的主要推动力之一，现在却停滞不前，这影响到整个欧元区。

经济分析师预计 2020 年不会有显著改善。根据先锋领航投资管理有限公司（Vanguard）和牛津经济研究院（Oxford Economics）的预测，今年欧元区内生产总值将增长 1%，野村证券（Nomura，日本第一大券商）预测经济增长幅度为 0.9%，而凯投宏观（Capital Economics，英国著名的经济研究机构）预测仅为 0.5%……牛津经济研究院指出："增长（将会）稳定，但相对较弱。"在经历了 2019 年的糟糕局势之后，2020 年的情况看起来依旧不乐观，但下半年可能有所改善。除了这些预测之外，经济学家还提到需要注意当前的主要趋势。到 2020 年，政府可以使用的两个推动经济发展的主要杠杆（货币刺激和财政刺激）几乎不会改变。因此，欧元区的增长首先将取决于外部力量的影响。中美贸易战的演变是最大的变数。美国总统特朗普在 2019 年 12 月取消了本打算加征的关税，这给 2020 年的局势带来了缓和的希望。受大选影响，特朗普的行事变得更加谨慎，但是没人知道他哪天又会在推特上大发雷霆。

英国脱欧的不确定性并没有消失。诚然，首相鲍里斯·约翰逊在 2019 年 12 月中旬举行的立法选举中获胜，这意味着英国一定会在 1 月 31 日退出欧盟。但是，英国与欧盟之间的自由贸易协定仍需谈判。

　　但是从中期来看，杰富瑞投资银行（Jefferies，美国华尔街著名投资银行）分析师给出了较为乐观的预测。他们指出，欧洲中央银行新任行长克里斯蒂娜·拉加德与欧洲委员会新任主席乌尔苏拉·冯德莱恩带来了希望。他们认为 2020 年欧元区的经济发展可能会因此有积极的转变。

《世界报》2020 年 1 月 3 日刊

数字税：法国想挽救经济 合作与发展组织的条款

针对备受争议的数字税，历时两周后最终达成和解协议。法国经济和财政部部长勒梅尔在与美国财政部部长史蒂文·姆努钦的电话会议结束后明确了税收界限。勒梅尔表示法国红酒业受到了美国政府新型关税的影响，但仍将选择继续谈判。

下次会议预计于 1 月底在达沃斯举行，史蒂文·姆努钦和研究法国 GAFA 技术税的美国贸易代表罗伯特·莱特希泽届时将参加会议。法国经济和财政部部长勒梅尔描绘了美好的经济愿景，希望美国政府在这 15 日内不要作出任何制裁。在与欧盟经济委员菲尔·霍根（Phil Hogan）的会面中，勒梅尔主张若美国制裁法国红酒业，欧洲应采取回击。法国将立刻向世贸组织发起上诉，美国指控的 GAFA 技术税并非存在"歧视性"。

经济合作与发展组织（OCDE）于去年 10 月提出了一项针对数字经济领域开展国际税收改革的协定，由 130 个国家联合签署，计划于 2020 年 6 月完成改革目标。但接连发生的两件事打断了协定的签署。首先，法国本以为已在特朗普去年 8 月参加七国集团领导人峰会之际消除了这一风险，但美国之后又发布了抵制法国产品的贸易制裁以报复 GAFA 技术税。其次，美国财政部部长在与 OCDE 秘书长葛利亚（Angel Gurria）的通信中表示，新政策应为非强制性的。OCDE 和法国都拒绝了这一建议，因为这些新的税收规则只有在所有国家共同通过的情况下才能发挥作用。

这种转变被法方视作政治决策，因为该协定将使美国数字巨头受到影响，所以要想使其在美国参议院投票通过将十分困难。美国总统特朗普毫无疑问不会同意对美国大企业征税。在 OCDE 中，一些人认为法国在进行一场冒险的游戏，但她将不惜任何代价使直指美国企业的 GAFA 税免遭影响。

然而达成协定之路是无比艰难的。勒梅尔向美国财政部部长表示，美国贸易制裁并没有威慑作用，因为多国都纷纷追随法国，奥地利和意大利 1 月 1 日起也创建了 GAFA 技术税。若法国与 OCDE 谈判失败，则需另寻他法。勒梅尔希望重启欧盟内部的 GAFA 技术税以应对美国制裁的威胁。

《回声报》2020 年 1 月 8 日刊

尽管采取了“黄马甲”措施，
2019年国家赤字仍低于预期

2019年国家赤字为928亿欧元，比政府去年11月预期的减少了50亿，虽然退休制度改革在未来几个月会给政府预算带来压力，但至少目前国家赤字的减少对政府而言算得上是好消息了。

法国公共财务与行动部部长达尔马南周三早上于RTL电台欣喜地表示，尽管经历了大辩论和“黄马甲”事件，法国赤字仍保持平稳。他更详细地说，这一财政上的好运气在很大程度上归功于一些特殊事件。经济和财政部部长勒梅尔表示，法国博彩私有化入账19亿欧元，直接充实了2019年的国库并为已颁布的2020年改革方针打下了基础。

法国经济和财政部解释了“国家入库收入高于预期”的原因。财政收入比去年11月预期的高出21亿欧元，首先是因为一些税收诉讼的滞后，且这些诉讼仍将被搁置一段时间。其次是得益于房地产市场高涨而活跃的过户税（droit de mutation）。公共审计部在公告中同样提及增值税收和向互联网企业征得的税收都符合预期。最后，经济财政部强调政府去年已成功节省10亿欧元开支，用来解决经济及社会紧急情况。这10亿欧元的节余不是通过削减政府部门的拨款来实现的，而是削减了预防性储备预算。

自五年任期开始以来，仅政府赤字就明显膨胀：2017年马克龙初到爱丽舍宫之际仅为677亿欧元。当时决定的降税（约350亿欧元）就对赤字产生了影响，之后的“黄马甲”事件也加重了其负担。原本以为事情会变得更糟：2018年年底，政府预测2019年赤字将达到1077亿欧元。然而活跃的税收，尤其是马克龙如同他的前任奥朗德受益于低利率带来的意外之喜，使债务负担得以不断减轻，2019 年相比最初的预测产生了 18 亿欧元节余。今年，初始财政法中赤字预计为 931 亿欧元。

《回声报》2020 年 1 月 16 日刊

欧盟委员会就欧洲最低工资问题展开工作

薪酬问题向来为欧盟委员会所关注。1月14日，委员会着手处理相关事务，并向代表企业主利益的欧洲商业联合会（Business Europe）与代表劳动者权益的欧洲工会联盟（Confédération européenne des syndicats）提出咨询。

尽管面临着诸多政治与机构的相关问题，开始处理薪酬问题却已然反映出新上任的欧盟委员会主席冯德莱恩意图建设一个更加社会化欧洲的决心。上任不足两月，冯德莱恩就启动了建立欧盟最低工资法律框架的进程。咨询将持续六周，根据预计，可能出现两种局面：一种是开展新一轮为期六周的咨询，在此之后将最早于今年夏初，最迟于今年9月提出并推广对欧盟成员国的针对性举措；另一种局面则是直接完全由被咨询方主导，双方用九个月的时间进行磋商。

不过从目前的情况来看，相关负责人表示欧洲商业联合会与欧洲工会联盟都无意这么做。欧盟委员会副主席多姆布罗夫斯基斯（le Letton Valdis Dombrovskis）指出，委员会并不是想要制定一个唯一具体的欧洲最低工资数额，也不会强制成员国引入一个最低工资标准，而是提供一种法律工具，以保障劳动者获得足够的收入以供其日常所需。不过许多成员国持观望态度，特别是某些原本就已经设定了最低工资标准的东欧国家，担心欧盟委员会将提出与本国国情不符的标准。而丹麦、芬兰、瑞典、奥地利、意大利和塞浦路斯六国，则完全反对委员会插手此事。所以当下主席冯德莱恩及其团队正在极力打消北欧几个国家的忧虑。毕竟这些国家原本的工资现状不需要引进以保证全体欧洲全职公民能摆脱贫困线的统一规划。

目前，包括英国在内的 22 个欧盟国家采取了最低工资制度，但数额高低不一，从最低的保加利亚每月 286 欧元，至最高的卢森堡每月 2071 欧元，差距可高达 7 倍（如若参考各国的生活水准，则差距未见得如此之大）。不过各国的最低工资都处在浮动的状态，而围绕其所展开的争论也从未停歇，尤其是当下欧盟内劳动者流动性越来越大，社会竞争也随之越来越高，长此以往必将滋生民粹主义的欧洲怀疑论断。早在 2017 年 9 月，众多欧洲领导人齐聚瑞典就提出了 20 项与欧洲社会建设息息相关的发展原则，其中包括欧洲最低工资标准。在去年 5 月的欧盟大选上，这一标准再次被提及。而法德等国也纷纷表示过对这一标准的推崇。深谙此事的时任德国国防部部长、现任欧盟委员会主席的冯德莱恩，将建设欧洲最低工资标准作为其上任后的重点工作之一。

《世界报》2020 年 1 月 16 日刊

法国总统马克龙对法国中型公司的呼吁

周一在凡尔赛宫接待了 200 名跨国公司主管之后，总统马克龙于第二天在爱丽舍宫接待了 500 名中型公司的高管，并发表了演讲。

中型公司（entreprise de taille intermédiaires，ETI）较中小型公司（petites et moyennes entreprises，PME）规模较大，但小于证券经纪人公司（compagnie des argents de change，CAC），也不可能拥有像 CAC 40 成员一样的全球影响力（Cotation Assistée en Continu 40，巴黎 CAC 40 指数，指在巴黎证券交易所上市的 40 家公司的股票报价指数）。根据定义，每家中型公司有 250 名至 5000 名员工，年营业额低于 15 亿欧元。马克龙说道："法国人可能没有充分重视中型公司的发展，这是潜在的错误。"他强调须在加强工作技能培训和消除"创造就业机会的盲点"等方面努力。在谈到财富税改革时，他还请当天在爱丽舍宫的高管们一起宣传他政策的积极影响，也就是说，根据他的观点，他的政策能够创造就业机会。

由于生产税给企业带来了竞争压力，因此雇主们迫切想要知道政府是否会降税。然而此次演讲并没有涉及任何承诺。马克龙强调："公共资金稀缺，所以我们需要坚持不懈，打这场硬仗。"他坚称："我不想在所有人的开支没有减少的情况下作出减税的承诺。"于他而言，这种"高公共支出，是为了不必增加工资，这虽会影响企业竞争力，但不会持续很久"。他还强调说："如果不改变对缺乏技能的年轻人的看法，我们就无法有效降低失业率，我们必须与他们携手并进。"对于无工作但想重返工作岗位的妇女、有违法记录的人和提前退休的人，情况也是如此。而在养老金改革方面，马克龙表示如果工作时间更长一点，将需要采取不同的方式雇佣 50 岁以上的工作者。

《回声报》2020 年 1 月 22 日刊

电子商务：财政乱象之下的隐情

近日增值税诈骗案层出不穷，国家已被盗取了巨额税金，其中大量发生于亚马逊等电商交易平台。因为网上的价格太过诱人，所以 2012 年线上销售量仅占营业额的 9%，到 2019 年便已增长至 30%。除了可以在卖方和买方之间建立直接联系外，增值税机制也十分便捷。从理论上来讲，国外经销商应委托一位财务代表来负责他们在法国的活动，处理增值税缴纳的问题。但如果经销商位于和法国没有互助公约的国家，政府将很难向卖家追究责任。如此看来，相当一部分税收损失是与不了解体制规则有关。

诈骗数额积少成多，目前总额已高达几十亿欧元，因此破获起来更加棘手。国家财政调查局（Direction nationale des enquêtes fiscales, DNEF）的负责人菲利普·伊曼纽尔表示诈骗扩散十分迅速，犯罪嫌疑人可以通过互联网轻易地接触大量用户。金融监察总局（Inspection générale des finances, IGF）用"不计其数"来形容此类案件。DNEF 的调查结果表明 98% 在亚马逊或 Cdiscount 网站注册的外国销售者都未缴纳增值税。IGF 警示道，这些店家相较于缴纳增值税的企业有着 20% 的价格优势，这也造成了严重的竞争失调。

有时，消费者是很难发现漏税的。按照规定，22 欧元以下的进口产品可免除增值税，有些诈骗行为正藏身于此。在海关查获的物品中，很多智能手机、吉他或婚纱都被申报为价值低于 22 欧元的商品。

漏税者还可通过欧盟区内增值税的差异来获利。理论上售卖方应该遵守目的国的增值税税率，但实际上人们并未一直遵守这个规则。

据统计，电商网站上仅两年内，卖家数量便已翻倍，从 2017 年的近六万家增长到 2019 年的十多万家。据 IGF 统计，增长的主要原因是中国企业的大量涌入，如今已占全部卖家的 40%。电商联盟似乎因一些成员违规而受到阻碍。实际上大部分卖家是缴纳增值税的，违规行为只是少数现象。问题在于很难明确外国商家的数量，但每年审计院评估显示增值税的漏税金额远不止 150 亿欧元。经欧盟委员会评估，欧盟内未收取的电子商务增值税税收多达 70 亿欧元。

法国等国家尝试填补这一漏洞。平台必须告知商家其义务，然后向政府提交可疑商家的信息。今年首次要求网站提交每个商家的营业额。若存在过失，电商网站必须注销。法国或将取消 22 欧元的门槛，平台需支付商家的增值税。

《回声报》2020 年 2 月 4 日刊

马克龙的经济政策惠及
就业群体和最富裕阶层

　　马克龙刚刚任职时被人称作"富人总统"。法国经济形势观察所（左派智库）称，三年后的今天，这个标签依旧紧紧地贴在马克龙身上。在 2 月 5 日星期三公布的一项研究中，经济分析师指出："自马克龙上任以来，在分配给国民的 170 亿欧元中，有超过 1/4（约 45 亿欧元）用于增加 5% 的最富裕家庭的可支配收入。"

　　观察所经济分析师马蒂厄·普拉纳（Mathieu Plane）指出，2020 年用于支持购买力的财政措施将继续主要针对下层中产阶级。然而，这种政策上的重新平衡还不足以抵消资本税改革（2018 年年初进行）的影响，当时，改革取消了巨额财产税，并实施单一税（la flat tax）制度。这样的后果就是：根据观察所计算，在 2018 年至 2020 年社会财政措施的影响下，最贫困的 5% 的法国人每年会减少约 240 欧元的收入，同时，最富有的 5% 人口每年会增加 2905 欧元的收入。

　　除了上述内容，经济形势观察所还确认，马克龙的经济和社会政策主要使就职于私营企业的人员受益。普拉纳补充说："政府经济政策忽视的群体是最贫穷的人、失业者和退休者。"在公共财政方面，马克龙上任以来实施的所有财政政策措施使法国国内生产总值增长了 0.2%，观察所指出，其积极影响在 2019 年由于对"黄马甲"运动采取的紧急措施而显得非常集中。

　　有趣的是，普拉纳指出："奥朗德在任总统时采取的'支持公司发展'政策的有利影响姗姗来迟，在 2018 年和 2019 年带来了 0.3% 的国内生产总值增长。"换句话说，企业竞争力与就业可抵扣税额减税（crédit d'impôt pour la compétitivité et l'emploi，CICE）措施和责任契约（pacte de responsabilité）带来的影响对近期经济增长的贡献要大于目前政府对经济增长的贡献。实际上，在马克龙执政第一年生效的一些措施，例如上调社会公共税（contribution sociale généralisée，CSG）、降低疾病和失业保障金、上调能源税等，对消费和购买力产生了消极影响。

《世界报》2020 年 2 月 6 日刊

欧盟在全球范围内开展贸易协定谈判活动

由于英国脱欧，欧洲一体化历史上第一次面临破裂的局面，这种破裂将疏远欧洲大陆各国与英国的经济伙伴关系和邻国关系。欧盟委员会表示，欧盟不是在单纯等待与其他维持友好关系的地区加深贸易联系。

本周三，斯特拉斯堡欧洲议会（Parlement européenne de Strasbourg）初步批准了欧盟与越南的贸易协定。另外，与南方共同市场（MERCOSUR，南美地区最大的经济一体化组织，由阿根廷、巴西、乌拉圭和巴拉圭四国建立）谈判二十余年的协定于 2019 年 6 月 28 日获得批准。自 2017 年以来，欧盟与加拿大正在谈判的综合性经济贸易协议（Comprehensive Economic and Trade Agreement，CETA）已开始申请批准，只等批准程序结束。

欧盟与其最大贸易伙伴——美国的紧张局势仍然在延续。总统特朗普退出跨大西洋贸易及投资伙伴协议（Transatlantic Trade and Investment Partnership，TTIP），在欧洲引起了很大争议，在这之后，欧盟和美国这两个经济体互有不满。上个月在达沃斯论坛（Forum de Davos）上与特朗普会晤时，欧盟委员会主席乌尔苏拉·冯德莱恩令所有人感到惊讶，她说贸易协定的谈判可以在"未来几周内"实现。基本上，这些在美国政府与欧盟委员会于 2018 年草拟的框架中围绕工业标准、技术合作或商业纠纷解决等十几个主题进行的谈判，此前一直停滞不前。欧盟希望通过与特朗普政府进行公开对话来避免贸易制裁。

在其他国家方面，欧盟正在与其第二大经济伙伴——中国讨论一项投资协议（并非自由贸易协议）。欧盟委员会主席冯德莱恩即将第二次访问非洲联盟（Union Africaine）以讨论合作事宜。此外，欧盟正在与澳大利亚、新西兰和印度尼西亚就贸易协定进行谈判，并将修订与墨西哥和智利的现有协定。

《费加罗报》2020 年 2 月 13 日刊

中国各方危机使欧元区受创

所有的经济指标都表明，欧洲经济已趋于停滞。去年第四季度欧元区经济增长率仅为0.1%，12月工业生产较11月下降2.1%，零售业降低了1.6%。而该季度内法国和意大利竟出现了国内生产总值负增长、德国零增长的局面。而这些数字并没有将中国爆发新冠病毒疫情带来的经济影响包含在内。受疫情影响，中国经济暂处停滞状态，这一状况直接导致欧元区经济增长率仅为0.9%，这反映出欧洲在经济上对中国的极大依赖。以欧元区对外出口额占国内生产总值比值为例，其对中国出口所占比值为1.3%，是对美国出口所占比值的两倍之多。在众多欧盟国家中，德国对中国的出口占到其国内生产总值的比值高达2.8%，其对中国的经济依赖度已和日本趋同。而这一切都要追溯到2008年经济危机爆发时各国所采取振兴经济的措施。彼时，为摆脱经济危机，各国纷纷采取降低工资和社保，使劳动力灵活性增大以便增强经济竞争力的方式投入到出口当中。在正确方法的指导下，十年前欧元区得以勉强摆脱困局，可十年后的今天却陷入了出口过剩的泥沼。以牺牲内需为代价只会使欧元区更加依赖世界经济。近年来中国飞速的经济增长和中产阶级的崛起从另一方面促进了进口贸易的发展，而这带来的结果就是现如今中国经济稍有动荡，欧元区经济便会遭殃。

早在中美贸易战期间，欧洲经济就已被波及，原以为去年12月中美签订的相关协定会给今年的经济带来起色，而新冠肺炎疫情却给满怀希望的欧洲经济体泼了一盆冷水。从以前的经济状态出发，依靠出口推动经济并没有什么不妥，甚至可以说在缺少有力预算政策干预和资金市

244

场受创的情况下，出口带动经济所带来的积极影响是可观的，例如依靠外商投资的爱尔兰，成功地实现了经济 5.8% 的增长率和 7 年内失业率 10% 的下降。但现如今，欧洲需要在出口商品和出口国的选择和把控上有所加强。同时，像西班牙与希腊这样在经济上缺少有国际竞争力的经济部门和无法为拉动国内消费而制定有效的预算政策，政治上又有民粹和民族主义冒头，人民生活不断吃紧的国家，情况则更加糟糕。法国有先见之明，早在 2018 年为安抚"黄马甲"时就已制定了支持国内消费的举措，对中国出口所占国内生产总值的比值不足 1%，在此次波及全球的肺炎疫情中，其经济并没有受太多的影响。可从另一方面看，与中国在出口上保持距离的法国想要在全球经济范围内看到其显著增长的趋势，恐怕需要很长一段时间。

《世界报》2020 年 2 月 16 日刊

2019 年失业率大幅下降

　　就业方面的良好数据已发布近一周（2019 年新创 21.01 万个岗位），技术工种的统计结果也表现良好（一年内学徒数量新增 16%），法国国家统计与经济研究所（INSEE）公布去年年年末失业率大幅下降，下降人数占法国就业人口的 8.1%，是自 2008 年年末以来达到的最低值，季度失业率也达到两年来最强烈的缩减。

　　劳动部部长穆丽艾·佩尼柯（Muriel Penicaud）表示，这表现了政府在任期结束前失业率降到 7% 的决心，虽然还未提前完成，但是可以实现。法国已有 24 个省降到 7% 以下，马延省几乎实现了全就业。12 个月以来，劳工局统计的失业者数量减少了 18.3 万人，还需再减少 224.2 万人。这不仅是一年来幅度最大的下跌，也是连续第五年的下降。

　　奥朗德执政期间实行了供给面政策，旨在 3 年内为企业减税 400 亿欧元，但却导致了 65.2 万注册失业人口的回升，这令 2017 年选举期间的马克龙党派十分困扰。INSEE 劳动市场综合形势部门经理西尔万·拉里尤表示，本季度目标是降低 0.2 个百分点，据观察这种形势从 2016 年起一直持续至今。

　　劳动部部长佩尼柯认为，四个因素决定了这个良好的结果：第一，法国 2019 年创下 420 万份长期合同的雇佣记录。第二，2018 年夏职业前景法案成功颁布，预示了法国劣质培训的彻底改革，今年雇佣学徒数量因此大幅提高；第三，尽管存有多年，但目前具有职业技能的失业者数量已不足百万；第四，大量投资投入失业人口的企业安置。

　　法国国民议会经济事务委员会主席罗兰·李斯科尔（Roland

Lescure）认为尚不可洋洋得意，应加大力度刺激失业率下降。因为 2019 年失业人口减少并未将 25 岁以下的人统计在内，25 岁以下失业者一年内增长了 0.7 个百分点，多达 52.8 万人。

目前看来失业率会长期持续降低，尤其是对长期失业者（失业一年以上）来说，4 年来数量不断减少（除了 2017 年的一个季度），10 年来一直在 100 万上下浮动，目前已降至 100 万以下。但我们仍不能安于现状。INSEE 预测，被"失业阴影"笼罩的人，也就是那些没有工作但并未失业的人（主要是因为他们不找工作或没有时间），比例将从 2019 年的 0.2% 增长到 4%，达到 2003 年以来的最高值。这类人在 15 年内将爆发 50% 的增长，达到 170 万人。

《费加罗报》2020 年 2 月 14 日刊

社会与文化栏目

女性仍然受到工资不平等的影响

妇女在经济中的地位正缓慢改善。妇女力量协会总代表伊莉丝·莫伊森说："与十年前相比，企业对性别平等问题的接受程度要高得多。"

统计数字不言自明：1975 年，15 岁至 64 岁的妇女中有 50.2% 有工作；2015 年，这一比例为 60.6%。此外，在同工同酬方面也有一些小进展：女性学历水平较以前更高，平均收入虽仍低于男性，但差距已逐渐缩小。

1951 年，私营企业全职女性的平均工资是男性的 64.9%；法国国家统计与经济研究所的数据显示，2015 年这一比例变为 83.5%。

衡量企业同工同酬表现指数的初步结果也令人鼓舞。拥有 1000 名以上员工的大公司"相当遵守同工同酬原则"。中小企业能否取得类似的成果还有待观察。

在劳动力日益短缺的情况下，越来越多的公司实际上别无选择。

然而，众多不平等仍然存在，妇女的就业条件仍然较差。10% 的女性从事兼职工作，而男性这一比例只有 3.8%。女性更多从事低技能服务业（家庭帮佣、育儿助理、秘书）。

管理人员就业协会研究发现，硕士毕业的年轻女性比男性更难上升到管理阶层，也更难签订长期合同。

另一个众所周知的缺陷是"玻璃天花板"。职业平等咨询公司顾问弗朗索瓦丝·勒·雷斯特强调："等级越高，性别不平等就越严重。"

《科普-齐默尔曼法案》规定，大型企业的董事会和监事会中，女性须占 40%。法国企业运动包容性商务委员会主席阿梅尔·卡米纳蒂哀叹："法案未在执行委员会层面产生预期效应。"在 CAC40 指数企业的执行委员会中，女性占比不到 14%。

还有文化职业选择的原因：女性主要从事所谓的横向或支持性工作（如管理、沟通），使她们无法获得达到最高水平所需的技能。

分析人士发现，女性比男性更缺乏信心。法国企业运动副主席多米尼克·卡拉克表示："我们必须有勇气迈出这一步，因为事实上，除被内化的障碍外，不存在任何障碍。"

《费加罗报》2019 年 3 月 8 日刊

美图，自拍帝国进击全球

美图是一家开发自拍编辑手机应用程序的中国公司。虽然看起来离面部识别的前沿技术相去甚远，但该公司拥有中国重要的研发中心，也是首批建立价值超过 20 亿欧元的自拍帝国的公司之一。美图战略合作总监伊恩·吴（Ian Wu）透露了该公司在国际上取得成功的战略。

美图于 2008 年由业余美术工程师吴欣鸿创立。美图首先生产自拍智能手机。早在西方流行自拍之前，该公司就已经在中国推出了改进的前置摄像头。美图还推出了内置软件，以改善用户的自拍形象。伊恩介绍："很快，美图就意识到这些自拍编辑软件的潜力，它们没有 Photoshop 复杂，又比当时市场上其他产品更具创造性。"从那时起，美图开发了一系列应用程序：MakeupPlus 给自拍照片虚拟化妆，Airbrush 可以进行"专业"润色。App Annie 数据显示，美图已跻身中国应用程序行业第六大公司。它的影响现在正蔓延到其他市场。印度是增长最快的国家之一，日活跃用户达到 500 万人。

去年 11 月，美图将部分手机销售业务转给小米集团，专注于应用程序的商业开发。美图之前与 Peppa Pig、Hello Kitty 联名合作，推出付费滤镜；如今收入增长主要来自与化妆品或零售品牌合作。

伊恩表示，美图允许雅诗兰黛、沃尔玛等品牌直接从其移动应用程序中测试产品。美国是这项活动的主要目标市场之一，每月可带来 300 万美元的收入，并将以三位数的增长率增长。

然而，美图并非一帆风顺。其自拍被指能够恢复大量用户数据，泄露信息风险极大。美图因此受到指责。伊恩表示："我们与一些利用这些数据的合作伙伴完全断绝了联系，我们遵守了 RGPD 等欧洲法律。"

　　此外，美图提倡的审美也令人担心会使"美"标准化。"我们并不是在试图定义美，也不是告诉用户该怎么做，我们只是给他们提供他们想要的东西，让他们觉得更美。"伊恩如是说。

《费加罗报》2019 年 3 月 13 日刊

巴黎人对香榭丽舍大道的指责

香榭丽舍大道的形象是双重的：它既有吸引力又令人反感，在广受赞誉的同时又受到谴责。这让香榭丽舍大道委员会主席让-诺埃尔·赖因哈特（Jean-Noël Reinhardt）非常头痛，该委员会成立于1916年，目的是推广宣传这条长2千米、宽70米的大道。赖因哈特感叹道："在其他省和国际上，我们的大道都非常受欢迎，甚至可以说它令人着迷，但是一些巴黎人对它的不满也显而易见。我们必须尽一切努力使它恢复，它的象征力量是不可动摇的。"来自各地的"黄马甲"在这里集合，巴黎人民欢聚在这里庆祝世界杯的胜利足以证明这一点。这也是为什么他会委托 Ifop 民调机构调查巴黎居民对香榭丽舍大道的"看法和建议"，同时还委任城市建筑师菲利普·基安巴莱塔（Philippe Chiambaretta）"赋予香榭丽舍大道新的体验感受"的原因。

Ifop 的副总干事弗雷德里克·达比（Frédéric Dabi）表示："根据调查结果，离香榭丽舍大道越近的居民对其看法越负面。以前，人们去香榭丽舍大道喝一杯咖啡或看一场电影。现在，奢侈品似乎粉碎了一切，并造成了距离和隔绝。它变成了'富裕、精英、不平等和脱离现实世界'的象征。"而这里最初是被建造成人们散步的"生活场所"，拥有美丽的露台、小巷、电影院。现在其满意度下降的原因可能是由于每天3万辆车行驶产生的噪音和交通压力。此外，在被调查者中，有28%的人认为在过去十年中大道上的店铺质量在下降，25%的人认为餐馆的水平没有提升。

同时，Ifop 的民意调查提供了三种使香榭丽舍大道与巴黎居民重新建立联系的方式。首先是丰富文化服务，其次是改变缺少植被的状况，最后便是解决噪音问题。基于此，建筑设计师将围绕未来的出行方式、自然、"舒适散步"的回归、电商时代购物方式的多样性以及香榭丽舍大道新的管理方式这几个主题来规划未来的治理方向。

《星期日报》2019 年 3 月 17 日刊

法国：伴侣关系有利于财务状况

从经济状况层面来看，建立伴侣关系会比独身一人更好。与伴侣共享生活，无论是结婚还是同居，都可以提高两个家庭成员的生活水平。分享一栋房子、家具、电视并且只需支付一次地方税……对于相同收入的两个人，一对夫妇的生活水平高于两个单身人士的 1.5 倍。这就是"个人再分配"，也就是说，夫妻共同体内的财务资源集中在一起，为夫妻提供了比单身人士更高的生活水平。尤其是当配偶之间的收入差距很大时，或者当其中一个人没有收入时，重新分配将发挥最大作用。但另一项观察结果引起了研究人员的兴趣，1996 年至 2015 年，个人之间的收入不平等现象大大减少，但是，我们却找不到关于家庭之间的不平等的观察报告，夫妻之间薪酬水平的近似掩盖了社会差异。

事实上，夫妻关系越来越趋向建立在同等阶层上。其结果是家庭之间的差距拉大了。二十年来，男性属于最高收入阶层而女性属于最低收入阶层的夫妻比例已经减半。正如我们的曾祖父所说："我们不会和我们所处阶层之外的人结婚。"这甚至已经成为电视节目输出的观点，受教育程度最低的男性和收入最低的男性比其他男性更难找到伴侣。

由于社会和地理的原因，越来越多的配偶拥有同等级的学历，甚至女性比男性学历更高。在 20 世纪 80 年代，有 12% 的女性收入比其配偶高，而这一比例在 2014 年翻了一番，达到 24%。但男女之间的不平等现象依然存在。即使女性获得高学历，也时常因为照顾家庭的需要而从事兼职或成为家庭妇女。夫妻离婚后，男性很快可以找到新的伴侣并重建其"家庭经济体"，但对女性来说就复杂得多，孩子的存在降低了女性重新交往的可能性。法国战略部部长高蒂尔·梅因（Gautier Maigne）总结说："在离婚或是分居的情况下，社会风险和不稳定因素会威胁单亲家庭，尤其是女性。"

《世界报》2019 年 3 月 19 日刊

阿卜杜勒·马利克："我有幸奋发读书"

44 岁的阿卜杜勒·马利克既是说唱歌手也是作家，他 3 月 27 日即将发布一张新诗歌专辑——《持剑的黑人青年》。4 月 4 日到 7 日，他将携与布基纳法索编舞师萨莉亚·撒努合作的新舞剧出席巴黎奥赛博物馆题为《从杰里科到马蒂斯的黑人模特》的展览。

如果没有这些事我绝不会有如此成就……

如果我妈妈没有教给我一套深入灵魂的世界观，我绝不会有此成就。当我和我兄弟们还是孩子时，她含辛茹苦地养育我们，教我们有尊严地活着，不要因为我们的社会文化层次、皮肤的颜色和族裔而感到自卑。但也绝不要否认自己的根。她以身垂范，教导我们正确的价值观。她从不怨天尤人，从不妄自菲薄，而是不卑不亢，平等待人。她一直对我们说："如果你们想要法国爱护你们，你们就先应该热爱法国。"长大后，我明白了"爱人者，人恒爱之"的道理。尽管，我小时候深处困境：毒品、监狱、死亡充斥着我的生活，我也犯过很多错，但我妈妈作为一位护士，教会我自立自律。时至今日，我与她的关系依旧十分亲密。

您对斯堡贫民区的经历还有何种回忆呢？

我出生于巴黎，我在刚果待到了六岁然后来到了斯堡。那时的我觉得斯堡真漂亮，然后我就目睹着街区一步步堕入深渊，无论是街区外貌还是居民内心。

那您的父亲呢？您对他提及甚少……

我父亲在我成长中的缺席反而造就了我。我们之所以举家来到斯堡正是因为他想当记者。但没过多久，他就毫无预兆地离开了。我们的母亲对此没有过多提及，更从来没有批判过父亲。他留下一屁股债和一间小房子及一些书就走了。看着这些书，我就对自己说："我一定要发奋读书，出人头地。"二十年后，我和父亲重聚了。但他对于我只是生理上的父亲，我对他既不了解也没有什么亲情。慢慢地我长大了，学会客观平静地看待事物。仇恨和愤怒并不是我前行的动力。

您经常说阿尔贝·加缪的书给了您特殊的力量……

您想想看，我那时正是叛逆的少年，周围的朋友死的死，进监狱的进监狱……我的圈子慢慢变小了。大家都想逃离暴力，为此，必须离开重新开始。但我们走不了，所以就只能重新融入新的圈子。加缪、塞内克、塞泽尔、波德莱尔、格里桑……我只要爱上一本书，就想要了解这个作家的一切。阿尔及利亚裔的加缪成长于阿尔及尔的一个小街区里，他妈妈独立抚养他长大。我觉得我的人生经历和他很相似。正是因为有了书籍，我才有了重新开始的可能。我身边的其他人可就没有这么幸运了。但想想是不是只有奋发读书的人才有机会出人头地呢？而其他人就活该被抛弃吗？

《世界报》2019 年 3 月 24 日刊

2024 年奥运会：科学走进体育竞赛

4 月 1 日，法国体育部部长与高等教育部部长在巴黎综合理工大学提出了一项研究运动员表现的优先计划。计划将在 5 年内提供 2000 万欧元的预算，以支持 9 个领域的研究项目。目的是改善设施，优化运动员的心理准备与训练条件，保护运动员的健康。高等教育、研究及创新部部长弗雷德里克·维达尔解释道："所有科学都被需要。奖牌是靠小细节赢得的，任何事情都不能被忽视。"

该计划与几所大学推出的"科学 2024 计划"相辅相成。科学和体育有许多共同点：激情、追求竭尽全力与集体感。

为什么法国现在才有这样的安排？维达尔说："高水平体育研究已经存在，超过 150 个研究团队正在研究运动员的表现。我们的目标是协调这一切。"罗萨娜承认："我们落后于许多国家，2024 年巴黎奥运会为企业提供了一个与实验室和联合会合作、提升运动员表现的好机会。"

在高水平体育运动中投入更多资源也意味着关注业余运动。通过完善最优秀运动员的训练技术，整个体育联合会的专业知识正在提升。"我们希望投资最终将惠及所有运动员，甚至惠及整个社会。"东京非常依赖残奥会的组织来改善其老龄化人口的设施。

并不是所有国家都能在研究上投入足够资金来挖掘运动员的潜能。体育部部长表示："显然，没有能力这样做的国家正在落后。但是，一方面，重要的是发展合作，以便把每个人都带向更高层次。另一方面，体育机构必须干预，行动规范并防止作弊。"

体育和科学并不总是能很好地结合在一起。对成绩的追求可能导致一些国家，如前德意志民主共和国，发展兴奋剂经济。体育部部长继续说："这可能是我们国家相对谨慎的原因之一。人们倾向于认为，体育运动的崇高之处在于不断追求更好的成绩。这种模式实际上是错误的。我们只是把运动员放在一个更集体化安排的中心。"

《费加罗报》2019 年 4 月 2 日刊

法国人民的期待：税务风波、公共服务……

民众通过公民手册、信函邮件、地方会议纪要等方式对一些社会热点问题提出了看法，三个战略咨询集团 Roland Berger、Cognito、Bluenove 对这些数据进行分析，发现民众所关心的热点问题与问卷调查结果略有差异。

税制及公共开支

人们对个体缴税领域最关注的点是针对大部分人个人缴税额普遍提高（希望降低税金特别是降低社会公摊）、提高对富人的征税力度（重新设立财富团结税）、打击偷税漏税以及简化国家缴税系统。

国家组织与公共服务

49%表达诉求的民众表示希望加强中央行政系统与地方公务员间的联系。同时民众还希望减轻部分涉及日常生活的法令的执法力度（15%的人希望取消80千米/时限速），还有一部分人表达了对高层公务员的不信任，尤其是他们的薪酬和特权，希望进一步分权到地方。

民主与公民权利

25%的民众表示希望减少议员及曾经担任过议员的人的特权，引导他们在任期内增加对选民的贡献以便强化他们的代议职责。大部分人希望通过体制改革实现这些目标。

环 保 变 革

民众普遍赞同采取一些环保措施以应对日益恶化的环境（加速推动环保革命、遏制气候变暖），如地方措施（大力发展公共交通、加大楼间距）以及能源改革措施（发展可再生能源、推动能源革命、减少能源消耗）等。

其 他 议 题

在经济与就业方面，民众希望国家主动采取措施（11%的人提出主要服务项目和大型基建项目国有化），保障民众权益（遏制产业外流、对进口商品增税），并促进社会经济公平化（取消分红、对财务转账征税、取消"金色降落伞"制度）。教育领域最受关注的两大议题为发展职业教育和提高教师工资待遇。47%的民众特别关注退休制度改革，特别是取消社会公摊增加部分及通胀指数。最后，民众还希望改善医疗体系，加大扶贫力度以及提高对无自理能力者的帮扶力度。

《世界报》2019 年 4 月 9 日刊

祈祷与纪念

　　看到大火中的巴黎圣母院，下班回家后，亚历山大·德·克马德茨（Alexandre de Kermadec）便拿起了念珠，这位 29 岁的巴黎信徒为天主教的上帝之母玛利亚祈祷。他说道："她对我们这些信徒来说有点像母亲，当我看到火焰时，我立刻想到了这一点。当然，不是说她或我们的信仰被消耗了，但是我仍然感到，一个对我而言非常重要的地方已经消失了。"10 年前，他还是一位来自拉丁区的学生，有时他会在早晨来这里祈祷，在这里和后来成为他妻子的那个人约会。

　　从昨夜开始，天主教徒们便在社交网络上组成了祷告团体，因为在圣周开始当天大火仍在燃烧，圣周在一年里对于天主教徒们是最重要的。晚上 10 点之前，巴黎大主教米歇尔·奥佩蒂特（Michel Aupetit）向巴黎的所有牧师发出了一条信息："巴黎圣母院的屋架、屋顶和尖顶都被烧毁了。如果愿意，你们可以敲响教堂的钟声进行祈祷。"从大火最初的几个小时到整个晚上，在靠近巴黎圣母院的桥上，虔诚的信徒们互相紧握着手避免有人因伤心过度而晕厥。

　　明天本应是做弥撒迎接复活节开始的日子，每年有 1300 万游客来此做礼拜。根据法国主教大会发言人文森特·内蒙（Vincent Neymon）的说法，巴黎圣母院仍然是"天主教信仰的鲜活象征"，它是法国天主教徒们生活的中心，它的建筑框架可以追溯到 11 世纪，记载了近 10 个世纪的宗教历史和国家历史。"巴黎圣母院是 12 世纪以来所有建造它的人和所有在那里祈祷的人的信仰的表达，当我们走进它时，我们便会感受到这种情感。"安托万·赫鲁阿德（Antoine Herouard）解释道。他是里尔（北部）的辅理主教，于 1985 年在巴黎圣母院的玫瑰窗下被任命为神父。昨天，一位修道士从远处向巴黎圣母院的塔尖致敬，就好像在大声祈祷："终有一天，我们会再次高兴起来为巴黎圣母院庆祝。"

《巴黎人报》2019 年 4 月 16 日刊

对私人剧院和歌舞厅来说，
令人忧虑的一年开始了

　　"巴黎的私人剧院在 2018 年运转良好，但在年末时表现欠佳，2019 年喜忧参半。随着时间的推移，我们发现业绩不断在下滑，现在我们迎来了传统意义上更困难的月份。'黄马甲'运动的效应是累积性的，交通和停车困难，演出过多，旅游业下滑。"国家私人剧院工会的总代表伊莎贝尔·根蒂洛姆（Isabelle Gentilhomme）分析道。该组织汇集了约 50 个巴黎主要私人剧院。

　　至于歌舞表演，早在 2018 年 12 月"黄马甲"运动的影响下，就已经开始减少了。国家歌舞厅工会的总代表丹尼尔·史蒂文斯（Daniel Stevens）表示："在 2019 年第一季度，预订量下降的幅度更大，尤其是在巴黎，受到'黄马甲'运动的影响。"该组织包括歌舞厅、音乐厅和一些创作场所。根据 24 个歌舞厅的调查结果，继去年观众减少 10% 之后，2019 年第一季度又减少了 5%。史蒂文斯回忆说："这已经赶上了2015 年遭受袭击事件后减少的观众数量。"但在郊区，"黄马甲"运动只波及了仅 17% 的歌舞表演，本季度的表演活动仍保持积极态势。

　　对于支持私人剧院协会（ASTP）的总代表安托万·马苏（Antoine Masure）来说，最糟糕的时刻可能即将到来。"黄马甲"运动在 2018 年时影响相当有限，因为它从 11 月中旬才开始。相应地，它的影响应该在 2019 年的前几个月进行衡量，因为它会对预定表演产生延迟影响。同时也造成了一个严重问题：由于巴黎交通线路上有众多施工工程，对于郊区的人们来说，晚上开车出行看表演变得更困难。目前，剧院正试图解决这一难题，一些剧院推出了代客泊车服务（但这是收费的），另一些剧院则安排了多样化的时间表。尽管如此，ASTP 的 49 名成员都表示 2018 年他们剧院的观众人数没有明显上涨，依然保持在 296 万人，90% 的娱乐场所表示对未来几乎没有信心。

《回声报》2019 年 4 月 23 日刊

法国人的黄油消费量下降了

法国是黄油的主要消费国，保持每人每年 8 千克消耗量的世界纪录。但两年多来，黄油的家庭消费量一直在下降。事实上，去年的销售量下降了 4%。

这是怎么回事？"法国人吃的早餐量变少了，更多地用饼干代替面包片。消费者还会使用其他产品，如 Nutella 或枫糖浆。"生活条件观察与研究中心消费处主任帕斯卡尔·赫贝尔（Pascale Hebel）回答说。

自中世纪以来，吃黄油一直是人们的习惯。但 2017 年黄油短缺，在法国引发了前所未有的空货架和价格上涨现象，自 2014 年以来，"黄油好处多多"的风尚使制造商获利颇丰。在美国和英国，黄油的地位已经恢复，一些研究强调它富含维生素 A（对骨骼生长至关重要）和抗氧化作用。

法国销量第二高的黄油品牌 Paysan Breton 的市场总监玛丽-保勒·普利康（Marie-Paule Pouliquen）表示："其他制造商在全球黄油短缺时选择出口，我们继续优先考虑本国分销商客户。消费者必须理解价格的上涨。生产一吨黄油就会产生一吨奶粉。"奶粉的价格创下了历史新低；然而黄油的价格却在国际市场上飙升，与 2016 年 4 月的每吨 2450 欧元相比，现在黄油每吨达到了 9000 欧元的创纪录价格。

在这种新环境下，黄油的销量下降，取而代之的是人造黄油，去年人造黄油的销量上升了 4.5%。

人造黄油的平均售价为每千克 3.29 欧元，而黄油的平均售价约为每千克 8.5 欧元。约 1/3 的价格不可避免地起到了一定的作用。但必须从相对的角度来看待此事。人造黄油的产量为 1.1 万吨，与黄油 12.6 万吨的产量相比微不足道。

此外，黄油受益于法国人在烹饪和糕点制作方面的口味。自 2003 年"食品恐慌"卷土重来以来，法国人又开始做饭了。这是 DIY 规则，人们做蛋糕会用黄油，而不是人造黄油。

法国人是黄油消费的主力军，因为他们出生在一个生产大量牛奶的国家，他们对黄油的看法仍然具有很强的地区特色。咸黄油在法国西部仍然很受欢迎。在 1789 年革命的土地上，人们仍然忠于传统。

《回声报》2019 年 4 月 30 日刊

对未成年人来说的轻松赚钱方式——送外卖

　　每晚八点左右，在巴黎市中心，我们总能看到这样的场景：外卖派送员们骑着自行车或摩托车，背后的方形保温包上是不同配送平台的标志，Uber Eats、Deliveroo、Stuart 为他们提供了一场"送餐"比赛。这些派送员都是年轻人，他们主要是学生或是刚来巴黎的移民。在其中，我们甚至还能发现十几岁的少年面孔。但是，这些配送平台的规则却明确写着只能雇佣 18 岁及以上的员工。阿卜杜勒（Abdel）炫耀说自己从 16 岁开始做这份工作，已经有 2 年了。最开始，他通过社交媒体租借成年人的账号以此通过配送平台的审查。"我们大家都这样做，我的朋友有四五个人都是从十五六岁就开始送外卖了。"

　　他们大多数是从代班开始，利用上学时的空余时间，之后就变成了利用晚上、周末或假期。阿卜杜勒说他朋友甚至逃课去送外卖，他自己的成绩也一落千丈。34 岁的夏洛特（Charlotte）是一所中学的文学史老师，她认为优步（Uber）对学生们来说是一个"陷阱"，学生们通过它轻松获得意外之财，它已经开始影响学校的教育。一个月前，学校决定容许这些学生的缺课行为。夏洛特辩称："我们充分考虑他们的情况，作为交换，他们必须坚持完成学业而不至于中途退学。"

　　目前，配送平台对于此现象大多是睁一只眼闭一只眼。此前有用户在推特上质疑 Uber Eats 雇佣未成年人送货的行为，对此，该平台回复说："我们最近收到了有关非法账户出租行为的报告。我们已经对验证程序进行了改进，包括面部识别系统，每位派送员都必须拍照片以登录自己的账户。"魁北克地区希望这些公司通过调整工作时间和工作环境进行更好的自我管理。我们不妨设想一下：如果配送平台不是将送餐时间与送餐数量相关联，而是将它们与学校成绩关联起来呢？

《自由报》2019 年 5 月 4 日刊

超市向餐饮业的转变

　　大型超市的复兴要从食品开始：首先要进行经典货架的重塑以及在超市中设置餐饮空间。面对人们对其面积过大的不满，大型超市开始依靠在货架空隙中设置餐厅来重新赢得消费者的青睐。

　　如今法国外出用餐的人数不断增加。为了利用这一点，大型超市将"零售"和"餐饮"相结合。欧尚零售业务负责人埃德加德·邦特（Edgard Bonte）表示："我相信大型超市，但它并不坚如磐石。它必须自我改造，精简自己，采取租赁经营或提供餐饮的方式。"家乐福首席执行官亚历山大·庞帕德（Alexandre Bompard）也将超市的改造放在首位。"我们将致力于提高我们的吸引力。餐饮和即食食品正处于蓬勃发展时期。我们正在与利益相关方进行讨论，以改善我们的方案。"在Intermarché，餐饮革命将在 9 月到来，"这是新一代的 Intermarché，新鲜食品的占比会更多。它的概念是更好的饮食、更好的生活和更好的行动。"Intermarché 总裁蒂埃里·歌迪亚（Thierry Cotillard）承诺道。

　　但大型超市有时会给餐饮品牌带来负面影响。高纬环球商业地产顾问安东尼·萨洛蒙（Anthony Salomon）说："除了一些寿司品牌以外，大部分餐饮集团并不急于在大超市里设立餐厅。首先，大超市并不会给品牌带来很好的宣传作用；其次，这些大型零售商都倾向于在其内部进行管理以此提升盈利水平。"大型超市已经做过多种测试（包括印度、意大利美食或是罐装食品），寿司是最可靠的选择。2010 年，家乐福率先在其卖场中开设"寿司小卖店"。2016 年，Leclerc 和 Monoprix 的角落里也出现了寿司店的身影。毕马威（KPMG）资深人士让-马克·里杜埃纳（Jean-Marc Liduena）解释说："大型超市采取打折促销的方式来吸引顾客已经不起作用了，线上购物正在不断发展。但是，如果超市为顾客提供一个可以就餐和放松的空间，那么大卖场就将成为一个服务场所，而不仅仅是人们推购物车的地方。"

《费加罗报》2019 年 5 月 11 日刊

电　影　课

阿蜜拉·卡萨（Amira Casar），法国女演员，"影评人周"评审团成员。

Q：你如何处理焦虑？

R：我越来越不焦虑，却越来越担心人类的兽性状态。我的幸存取决于我的灵感、我的正直。我以别人的作品为食。我去看电影、看歌剧、看戏剧。我用美丽和丑陋填补我的灵魂和视网膜。我欣赏过像雅尼斯·库奈里斯（Jannis Kounellis）这样的艺术家的作品。我上歌唱课。在我看来，呼吸是获得深度幸福的关键。

Q：克鲁佐（Clouzot）说："一部好电影就是一个好故事，一个好故事，一个好故事。"说话喜欢重复的人不会令人讨厌吗？

R：在我看来，把他的痴迷挖掘、编织成痴迷似乎是艺术家的痴迷。

Q：假如这个职业难以为继了，你会转行做什么？

R：电影编剧，艺术史学家，乐团指挥的"助手"，博物馆里的盲人、残疾人向导，艺术家经纪人，驯马师，文艺复兴时期挂毯的档案管理员。

Q：在屏幕上很美，但在生活中很糟糕，是这样比较好，还是相反？

R：一切关乎品味、光线、透视法。我的矛盾工作是把看不见的，连带着把我和别人的灾难变成看得见的。

Q：天气是你的才能发展的关键吗？

R：我曾在零下 20℃时穿着薄衫，在 40℃时带着军用装备拍摄。气候（temps）比天气（météo）更能决定一切。

Q：戛纳评审团和 RMC 电视台"大嘴巴"节目专家小组有什么不同？

R：不幸的是，聪明的"大嘴巴"专家是一种濒临灭绝的物种。对不愉快的恐惧是本世纪的疾病。在我看来，在任何情况下，敢于做自己，对保护自己的灵魂是有益的。托马斯·伯恩哈德（Thomas Bernhard）曾经说过："没有愚蠢的问题，只有愚蠢的答案。"我就起誓过说真话，只说我的真话。

Q：电影已死，这是墓志铭吗？

R：你真是太棒了，回到我身边吧，我的爱！

《自由报》2019 年 5 月 15 日刊

《中国十五座谈》
或勒·克莱齐奥的东方智慧

《中国十五座谈》作为勒·克莱齐奥与为其作序的翻译许钧之间深厚友谊的成果,从其标题上就展示出作者于 2011 年至 2017 年在上海、扬州和北京举办的座谈中所发出的宁静之声。听众每次都是不同的,这可能导致座谈内容的重复,但主题也会扩大范围(包括"文学的普遍性""科学与文学的关系""想象力与记忆")。主要目标仍然是阐明和颂扬一种活生生的文学,这种文学与生命的运动是分不开的,并从中获取力量和必要性。

在《文学与生活》一文中,勒·克莱齐奥指出阅读"不是出于谦逊",而是"因为一个作家首先是一个读者",更因为无论我们愿意与否,读过的东西"有时会取代我们自己的记忆"。此外,他还提出了一种十分普鲁斯特式、表达真实生活的写作形式:

"我生命中的这些元素,这些面孔、话语、气味,都在我内心深处,在一个深而复杂的容器里,只有通过文字的摆动,通过它近乎神奇的力量,才能让它们重新出现。"

这话真诚,不带任何自命不凡的意味,但它表现出一种雄心壮志:将这一重要的关系传递给文学,从而传递给世界,这意味着在超越文化和语言界限的情况下,锻造交流的线索,以一位拥有年轻群体受众的作家的小规模,参与到未来可能涉及不同文化的故事中来。

勒·克莱齐奥显然渴望这种交流,多年来不断加深他对中国文学的了解,同时分享他的经验,毫不犹豫地求助于自己作为读者时的记忆,在他看来,他是在关键的青春期,读塞万提斯、莎士比亚、莫泊桑或兰波,"尤其是在我十五六岁时觉得《灵光集》神秘而奇异,就像天使的语言"。由此产生了一种令人惊讶、令人愉快的春天般的清新感,读者会有一种感觉,看到这些小颗粒进出,就像田野里的许多花朵一样,自由地思考着,没有必要再向任何人展示它。

《世界报》2019 年 5 月 29 日刊

丹妮尔·马奈斯："语言中的阳性并不代表真实世界中的雄性"

丹妮尔·马奈斯曾是巴黎第三大学语言学教授，她退休后继续开展关于教育优先群体的阅读学习研究，并在为移民开设的法语教学协会中担任志愿者。

"阳性优先于阴性"是那些倡导语言性别改革者的主要论据。如何看待这种语言中的性别歧视并是否需要对其进行改革呢？

这种论断是武断、不合逻辑的。我将这种说法称为"对语言不加思量的偏见"。将语法上的阳性和生理上的雄性等同起来的看法是非常不准确的。在印欧语系千年前形成时，父权社会中的雄性才可以与优越性等同。

但时至今日这种看法已经没有什么意义，因为我们周遭的一切都是或阳性或阴性的。枕套并不比枕头更"娘"，桌子也并不比扶手椅更"娘"，阴性的长颈鹿也可以指雄性长颈鹿，等等。而从事各种职业的男性在语法上都是阳性，但也存在阴性的哨兵或通讯员，或者反过来女模特是阳性的。语言上的阳性并不代表真实世界中的雄性。

但这种观念对于我们来说并不陌生……

这就是一种"具有教学意义的口语"，是必须要避免的，要做到这个并不难：只需要说明当形容词或过去分词涉及两种性别时，统一使用阳性复数。但这种普遍性有时会被"邻近原则"打破，如"我的堂兄和我的三个女儿很高兴（这里的"很"就使用了阴性复数）"。比起语言本身，似乎关于语言的各种看法显得更性别歧视。

同理，那种宣称语法家让"阳性成为最尊贵的性"的说法是不合情理的。"尊贵"只是语法的一种概念，它并不只涉及阳性，只是说明一句话中的某个词比其他词更具有力量而已。因此，名词比形容词"尊贵"，第一人称单数比第二人称"尊贵"。人们说"你和我走在一起"而不是"你们一起走吧"。人和物的世界与语言的世界并不一样。

《世界报》2019 年 5 月 30 日刊

法国医疗法案的核心

——解决"医疗荒漠"问题

在提出了将近 800 项修正案后,参议院将从周一开始对 3 月底经由国会通过的医疗法案进行审查,该决议引起了激烈讨论,特别是关于解决"医疗荒漠"的问题,在法国有超过 500 万人难以获得医疗保健。

为了弥补医生的短缺,法国卫生部部长阿涅斯·布赞(Agnès Buzyn)在法案中提出取消医学院二年级学生的最低限额,同时对课程进行全面改革,将部分工作下放给药剂师和护士,以及设立 500—600 个"就近医院"。并且,她还在就医最难的地区安置了 400 个全科医生职位,并为在"医疗荒漠"地区工作的医学生提供奖学金和安置补助,鼓励远程医疗的发展。此外,还将设立 4000 个医疗助理职位以便协调医生的医疗时间,并呼吁医疗保健专业人员通过发展"地方健康职业社群"(CPTS)更好地组织及分配工作。为加强法案还提出多项修正案,特别是在实习结束时为医生能够尽快安家落户而提供税收优惠,或将更换期限制为三年,这样不会影响年轻人的长远发展。

但是对于一些参议员来说,这些措施是不够的。让-弗朗索瓦·隆(Jean-François Longeot)揭露说该法案不适用于紧急情况。区域规划委员会主席埃尔维·莫里(Herve Maurey)认为对医生的鼓励措施既昂贵又无效。两位中间派参议员提出修正案,要求医学生在人口稀少地区进行实习或禁止他们在已经有医生的区域安顿下来。让-皮埃尔·莫加(Jean-Pierre Moga)希望医生在医疗急缺的地方定居至少四年。米歇尔·雷森(Michel Raison)提出建立选择性协议,仅对转移到医疗条件紧张地区的医生进行报销。

这些建议每年都会被提出，但一直被拒绝。就工会而言，其坚决反对这些强制性措施。在给参议员的一封公开信中，全科医生重申了他们对定居自由的坚持，并反对任何强制性措施。对该法案的正式投票定于6月11日进行，以期在7月底之前最终通过。

《费加罗报》2019 年 6 月 3 日刊

竞争：我们要责怪 GAFA 什么？

在竞争方面，对网络巨头（Google、Apple、Facebook、Amazon）的申诉集中在两点上：一是企业收购，这加强了它们在行业中的主导地位；二是平台，可以被所有者用来歧视竞争对手。美国民主党参议员伊丽莎白·沃伦（Elizabeth Warren）表示："不能既是法官又是当事人。"她支持对这四家公司进行"拆分"。

Facebook：WhatsApp 和 Instagram 权力超额

Facebook 的主要挑战是收购即时通信平台 WhatsApp 和社交网络平台 Instagram。它们出于广告目的而收集数据，使 Facebook 拥有超额权力。沃伦提议通过法律将它们分开。有人建议至少加强对数字巨头的未来公司收购行为的控制。

Google：搜索引擎过于强大

欧盟委员会对 Google 处以 82 亿欧元的罚款，原因是其超强的搜索引擎偏袒自家产品（招聘广告和商业搜索引擎）。而搜索引擎与广告平台这样的"公共利益平台"应该是独立的。

Google 回应："我们修改了 Google Shopping、Android 移动应用许可系统、AdSense，直接回应了欧洲委员会的担忧。"反垄断可能关系到其他资产部门：导航应用 Waze、智能家居 Nest 或智能音箱 Google Home。

Amazon：歧视性销售平台

在 Amazon，最具争议的话题是它作为在线卖家和第三方卖家平台的双重角色。Amazon 通过复制其平台上销售良好的产品来打击小企业。美国联邦贸易委员会对其向卖家提供的物流服务以及 Amazon Prime 会员服务的优惠价格提出了质疑。

在其他领域，如云计算服务 AWS 或语音助理 Alexa，可能会受到审查。食品超市 Whole Foods 和网络鞋店 Zappos 也将与 Amazon 分开。

Apple：App Store 的贪心

App Store 被起诉，流媒体音乐服务平台 Spotify 指责 App Store 偏袒 Apple Music。

争议核心是 Apple 公司对通过 iPhone 应用程序进行的订购服务收取 30%的提成。Apple 回应说，App Store 安全可靠、全球通用，已向应用程序开发人员支付了 1200 亿美元；84%的应用程序下载是免费的，不会为 Apple 带来任何收入。iOS 操作系统允许用户安装与 Mail、Apple Maps 等相竞争的应用程序，但自家公司的程序是预先安装在设备上的。

《世界报》2019 年 6 月 9 日刊

改革之前的最后一次毕业会考

几个工会组织呼吁监考老师在毕业会考第一天举行罢工，而当天预计会有超过 74 万名考生。按照中学教师工会 Snes-FSU 秘书长弗雷德里克·劳力（Frédérique Rolet）的话说，这是"在衡量情况严重程度之后的例外行动方式"。她指责说，到 2021 年，会考毕业总成绩将减少到只占 60%，其余 40%则由平时测验成绩组成。但其实这种情况已经存在很长时间了，大多数大学是将第一次和最后一次考试的成绩作为选拔依据，这都是在毕业会考之前完成的。而学校领导联合工会的负责人则对这项改革表示支持，他们表示已经知道如何用模拟会考的形式进行操作。

改革的设计师之一、里尔政治学院院长皮埃尔·马约特（Pierre Mathiot）希望学生选择的课程最终与高等教育的学科更加一致。他经常重复说，这项改革是"沉重的，它涉及一个半世纪都未变革的部门"，因此，有部分"保守"的教师反对是合乎逻辑的，因为这会打乱他们的习惯。

传统的文（L）、商（ES）、理（S）的分科系列将不复存在了。从 2019 年 9 月开始，高一学生将学习七个普通科目（法语、历史、地理、道德与公民教育、科学教育、现代语言、体育）。除了这些必修科目，每个学生还必须从十一门课程中选择三门专业课程。

几个月以来，学科之战一直在进行。哲学老师尼古拉斯·弗兰克（Nicolas Franck）说"这是一场真正使我们感到担忧的、发生在老师和学科之间的竞争"。为了能够提供改革所承诺的所有专业，校长必须对空余时间进行利用，组建语言学习小组或物理-化学实践小组。至于经济学和社会学老师，他们几乎一直与历史和地理老师吵架，以从跨学科的新专业"历史-地理-地缘政治-政治学"中赢得几个小时。在这段时间内，学校里都不会太平静，因为老师的工作时间将在这个夏天被决定……

《费加罗报》2019 年 6 月 17 日刊

巴黎北站的欧尚式翻新

　　2024 年巴黎奥运会承载着各式各样的期待与愿景。为了更好地筹办奥运会，巴黎希望向全世界展现 21 世纪大都会的崭新风貌。当时巴黎申奥的筹办原则便是可持续性与经济性，这两点与赛事筹备及场馆施工并行不悖，主办方在行政和司法层面做出诸多改革，如为推进巴黎圣母院的修复工作，政府推出了特殊法规等。2017 年，巴黎正式取得奥运会举办权，一份针对巴黎城市的改造和复建条文应运而生，其中便指出要对北站进行改造，修建联通巴黎城铁。多年以来，巴黎北站一直是欧洲最重要的铁路枢纽，日客运量达 70 万人次，而陈旧的设施已经不能满足巴黎城铁 E 线的铺设，更别说机场—火车摆渡交通了。翻新后的车站要着力于零碳运输，为此 2014 年政府便开始了翻修调研。

　　巴黎北站作为奥运会的核心交通枢纽，其改建应成为首要优先项目。法国国家铁路公司下属车站联运公司该项翻修项目的负责人斯特凡·库尼昂（Stéphane Cougnon）表示："北站是欧洲北部进入巴黎的大门。在欧洲之星列车的加持下，我们相信北站未来会更具潜力。"2017 年颁布的法令授权车站联运公司组建 Semop 式企业（同项目合资式企业），旨在便于项目筹资，加速市场整合产业集聚。这种理念基于地域集聚原则，号召私人资本以股东身份加入基建和城市改造项目，综合管理项目整体运营。"多亏了 Semop，我们仅用一次招标就可以推动项目实施了，"库尼昂说，"我们与塞特鲁斯（Ceetrus）展开了合作，他们带来了建筑师、研究所及其商业伙伴。2017 年 6 月便展开了项目咨询。2019 年，咨询阶段结束。"塞特鲁斯是欧尚企业旗下的不动产子公司，招标时塞特鲁斯还叫作"伊莫尚（Immochan）"。近年来大型连锁超市发展遇阻，在巴黎市内不断遭遇经营滑铁卢后，欧尚集团决心在郊区开疆拓土，并转变理念在市内开展"宜居之所"经营模式，市内与市郊不同的经营理念构成了欧尚的城市改造蓝图。

《世界报》2019 年 6 月 23 日刊

2018 年出版业的苦涩形势：出版的书籍越来越多，销量越来越少

如果说出版业是一位小说人物，那么 2018 年，他会是一个相当疲惫、不那么闪耀的非正统主角。6 月 26 日，国家出版联盟（SNE）宣布，与 2017 年相比，市场份额下降 4.38%，至 26.7 亿欧元。图书销量下降（-2.5%，至 4.19 亿册），出版量增长 2%，达到创纪录的 106799 册（包括新书和再版书）。2018 年的一个苦涩事实是，出版的书籍更多，但销量更少。

SNE 主席文森特·蒙塔尼（Vincent Montagne）将这一令人失望的结果归因于学校改革的暂停：学生们没有在 2018 年收到他们的新课本。

最令人担忧的因素之一是文学作品的疲软（价值下降 5.7%，至 5.679 亿欧元）。蒙塔尼指出，小说的销量是出版业的最大组成部分，"尽管出版量在不断增长（2008 年 9 月到 2019 年 1 月超过 1000 部），销量却在下降"。

除文学作品外，2018 年还有 8 个领域的销售额下降，受影响特别大的是教辅书（-24.5%）、词典和百科全书（-18%）、文献（-10.8%），此外还有科技、艺术、美术、地图集和人文科学书籍的销售额下降。漫画、宗教书籍和实用书籍的销量几乎没有变化。只有面向年轻人的书籍的销量显著增长（+2.1%），时事和评论文书籍的销量增长更多（+6.1%）。在这个整体疲软的市场中，在专业和学术著作的推动下，数字出版类书籍的销量大幅增长（+5.1%，至 2.126 亿欧元）。有声读物市场也取得了巨大突破，尽管 SNE 尚未对其进行量化。

我们能做些什么来重振出版业？这是不可阻挡的结构性变化吗？SNE 主席对阅读时间的减少感到遗憾（平均每周 5 小时 15 分钟）。在电话、电子邮件和社交网络的激烈竞争下，即使是最优秀的读者也很难找到时间沉浸在一部小说中。

困难还在于"销售点图书饱和"，但"如果出版商提供的图书更少，书商的营业额也会减少，因为读者会在别处寻找新的东西"。

书已经变成了一种新鲜产品。在与亚马逊的斗争中，书商们要求出版商更快地交付缺少的图书，因为如果要等 36 个小时，读者可以更快地从亚马逊订购他们想要的书。

《世界报》2019 年 6 月 28 日刊

SNCF 与乘客之间问题横生

随着暑假的临近，近几天巴黎火车站售票窗口前排起了长队，这正印证了用户对法国国营铁路公司（SNCF）的主要指责之一：实体销售点的稀缺性。该公司承认，取消售票窗口是一个正在进行的变革，主要是与公司的数字化有关。SNCF 的市场总监热罗姆·拉丰（Jérôme Laffon）解释说："互联网购物的发展已成事实，如今，超过 90% 的车票是在网上购买的。"

法国全国交通用户协会联合会（Fnaut）巴黎大区的主席布鲁诺·加索（Bruno Gazeau）却表示："SNCF 并没有对法国的数字化成熟水平作出正确的分析。取消售票窗口的举措进展太快，尤其是某些操作（例如使用年假票或度假券）仍需要人工处理。"为此，SNCF 增开售票窗口并开通 3635 免费专线提供电话购票方式，新的自助购票机也提供现金支付的选项。周一，SNCF 还宣布将加快与零售商在车票销售方面的合作。

然而，不断提高的购票难度并不是 Fnaut 指出的唯一问题。它还提出了乘客对新推出的优惠票价的不满，特别是与 5 月 9 日实施的折扣卡相关的反馈。在这些隐藏的缺陷中，用户指出了以前并不存在的硬性规定，比如在某些情况下价格会上涨，并且退换票条件更加严格。此外，TGV 票价越来越贵，这一点也经常受到指责。

总的来说，所有这些摩擦都有一个共同的根源：许多法国人对铁路公司的改革以及他们所谓的"飞机化"感到不安。如今的铁路公司与航空公司有很多共同点。从 5 月 9 日开始，所有干线（包括城际列车）以及从网络上购买到的车票，均不能匿名购买。2016年颁布的《萨瓦里法案》（*la loi Savary*）为 SNCF 提供了说辞，该法律出于安全原因允许运营商强制要求使用记名票。但匿名购票并非完全不可行，根据拉丰所说："通过售票窗口购买 TER 票，您仍然可以在不透露姓名的情况下乘坐巴黎至里昂的火车。"但谁又知道需要在售票处前等多久呢？

《世界报》2019 年 7 月 9 日刊

主厨和米其林，想说爱你不容易

在法国有两种厨师：一种是把米其林奉为圭臬、趋之若鹜的，还有一种是认为它既不公平也过时老套的。不管怎样，米其林《红色指南》手册寄托着主厨们各种各样的情感和态度，而主厨马克·维拉（Marc Veyrat）的表态就是最好的例证。

自2015年马克·维拉因尖锐立场被罚款10万欧元以来，他就一直饱受争议，但他的厨艺却毋庸置疑地博得大家的一致青睐。他曾三次斩获米其林三星，两次获得高尔（Gault）和米劳（Millau）评分榜满分。

2019年1月，在米其林新一年的美食手册中，这位萨瓦省厨师的"木屋"餐厅（Maison des Bois）被降至两星，而去年它还是三星。7月10日周三，马克·维拉公开表态说希望将其餐馆移出米其林手册，而米其林方面却并未同意。翌日，维拉在接受采访时抨击了米其林手册的评选机制。他谈到那些评委既不懂厨艺也不懂地域特色，破坏了餐饮界的生态，他还提到他之所以丢掉了一颗星，极有可能是因为米其林手册的新任国际负责人戈文达尔·布兰耐克（Gwendal Poullennec）在挟私报复。

"你是为了评委而做菜。"维拉表示这种令人压抑的执念曾使他萌生自杀的念头，他也提到了2003年自杀的米其林三星主厨贝尔纳·鲁瓦泽（Bernard Loiseau）的事情。当时米其林就因曾在这位主厨死前告知他其餐馆有可能会降星而被千夫所指。贝尔纳的亲友坚信是米其林"逼死了"贝尔纳，但当时社会舆论却更多地倒向了米其林。

或许说这个小册子能摧毁一个厨师的生命有些夸张，但毋庸置疑的是它可以左右一个厨师的职业生涯。一个餐馆每上一颗星就会多30%的客流量，而在乡下，米其林的星级更是名噪一方的巨大优势。

一些主厨背负着希望拥有一颗星星以跻身米其林手册的巨大压力，只得被迫不断提升菜品质量，取悦大众，还有一些主厨为了突破二星或者三星而苦心孤诣、呕心沥血。

2019年6月，主厨西里尔·里尼亚科（Cyril Lignac）在接受《世界报》采访时表示希望能"将餐饮业从评级机制中解放出来"，他说"从米其林的星星让你脱颖而出的那一天起，你就失去了随心所欲自由自在做菜的权利，你是在为评委做菜"。在他看来，手册评选机制应该不断变革适应市场，主厨们应该有自己施展创意的空间而不是一味讨好评委。

《世界报》2019年7月13日刊

消防员面临危险的夏天

在法国，数百公顷的土地已经烧成灰烬。7月15日，埃罗一处森林遭到破坏；同一天，强风将火焰蔓延到东部比利牛斯山脉300公顷的灌木丛中。每遇不可避免的夏季火灾，消防员总是位于救灾第一线。今年的事故多发期开始得较早，在这期间，除灭火外，还需实施其他救灾活动。7月初，冰雹袭击塞文山脉，随后酷暑席卷法国，许多消防小组被迅速安排到不同战线。消防员的疲劳是显而易见的。

消防部门的七个工会发出了截止到8月31日的罢工通知。面对工作量的急剧增加，他们要求提高"火灾津贴"。专业消防员和行政人员自治联合会主席安德烈·戈莱蒂（André Goretti）警告说："这个系统已经崩溃了。我们再也不能令人满意地保证完成任务了。"

根据工会组织的说法，罢工运动似乎要继续进行下去，但民事安全部门谨慎地提及仅有7%的罢工率，认为事态尚未严重。与此同时，下周另一场热浪即将袭来；一些人贪图清凉，再次涌向禁止游泳的水域，溺水事故不容小觑；已经影响到64个省的干旱将会恶化并蔓延。由此，罢工运动将大大增加救灾风险。

内政部表示，尽管发生了罢工，整个救援系统还是会正常工作。事实上，几周前它已被重新配置，以应对事故多发的夏季。法国国家消防联合会（FNSPF）主席格雷戈里·阿利奥尼（Grégory Allione）上校说："在所有旅游区，季节性消防人员壮大了消防队警力"。FNSPF的负责人补充道："这些人流密集的地区需要更多消防员，也需要专门的团队，比如危险环境研究和干预小组。"

　　尽管目前抢救火灾只占消防部门总出警量的 7%，但火灾仍需调动大量消防警力。在预防的基础上，法国正在执行一项全面的计划，随时准备适应各类事件。

　　在布切-杜-罗纳地区，一个由 280 名消防员组成的小组在接到警报后立即部署到火灾现场。为了支持这一行动，民事防护空中资源也准备进行干预。

《费加罗报》2019 年 7 月 19 日刊

养老金改革：开工期的热门话题

提出关于建立普遍养恤金制度的建议六天之后，高级专员让-保罗·德勒瓦周三出席国民议会，回答社会事务委员会成员的问题。这位福音传道者表示："这不是又一次养老金改革，而是一个真正的社会项目。"

从共和党到"不屈法国"党，德勒瓦"期望"对话，众议员对此表示欢迎。他们向他询问了新旧体制的过渡、64岁之前的减税、计划的未来财政储备、利益受损者和既得者，还讨论了律师和医生的特殊制度、教师和护理人员的情况……所有这些问题仍悬而未决。

德勒瓦解释说，总理"可能"会在周四发表一份公报，详细说明改革的后果。11月或晚些时候，可能会提出一项法律草案，在此之前必须在开工期启动新一轮的社会合作伙伴和公民的全方位协商。为了揭开序幕，总理可能会在8月的最后一周邀请他们，讨论责任、时间表和主题。

因此，专门研究退休问题的社会合作伙伴现在知道假期结束的日期，以及2018年4月开始的协商何时恢复。经过一个周末对退休改革方案的审查，所有雇主和工会组织都将在周一至周四上午受到德勒瓦的接待。在总理代表和团结部代表在场的情况下，他们能列举出令人不快的问题。

工会的主要障碍是将64岁设为"足额年龄"。同样令人担忧的是，到2025年才正式实施这一措施，从2021年开始就需要增加负担。

法国民主工联提出扩展工作强度的标准、发展逐步退休和改革最低养恤金。谈判代表弗雷德里克·塞夫（Frédéric Sève）表示，要讨论

"过渡安排"这一需要密切关注的政治关键问题，并认为"在构建一个不那么集权的政府方面要有点想象力"。工会希望讨论公共部门的配套政策，特别是对医院护理人员的加薪必不可少。

与此同时，FO 工会代表菲利普·皮耶特（Philippe Pihet）对改革的原则本身持敌对态度。他警告说："这太可怕了，这份退休改革方案有98%的灰色地带。"

《回声报》2019 年 7 月 25 日刊

环法自行车赛：埃甘·博尔纳

环法自行车赛一直以其高潮迭出的赛程和车技高超的选手而让世人津津乐道。今年桂冠属于一位哥伦比亚骑手，他的胜绩足以让这个国家为之疯狂。今年的总排名第一名与第四名的成绩相差不足两分钟，这是史无前例的。胜者须有钢铁般的意志，而摘得今年冠军的骑手是自1903年比赛创立以来最年轻的几位冠军之一（只有1904年和1909年的两位冠军的夺冠年龄比他小）。

此前，曾夺得黄衫的骑手克里斯托弗·弗洛姆（Christopher Froome）曾在推特上表示，"对于埃甘·博尔纳来说，悬念并非他能否夺得黄衫而是何时而已"，而弗洛姆本人因违反竞赛规则缺席本次车赛。

博尔纳的娃娃脸背后是钢铁般的意志和沉着冷静的性格，此前他已夺得过最佳青年骑手黄衫和白衫。

意大利前山地自行车骑手贾尼·萨维奥（Gianni Savio）慧眼识人，从山地自行车赛中发掘了博尔纳的骑行天赋，而萨维奥本人亦曾是2014年世界青年山地自行车赛的亚军和2015年的季军。他将博尔纳引荐给安德罗尼·基约卡托利（Androni Giocattoli），让他加入车队。萨维奥回忆说："我曾让弗朗切斯科·伽瓦兹（Francesco Gavazzi）关照他，不到两个月，弗朗切斯科就对我说，他学得太快了，已经不知道还有什么能教给他的，他很快就会超过我的。我在职业骑行领域打拼了35年，从未见过这样一位天赋异禀的骑手。22岁的他已经成熟得像个30岁的老将。"博尔纳更是少见的可驾驭任何场地的骑手。他擅长利用天时地利，熟悉不同场地的特性，习惯利用气象、地形辅助骑行。

夺得季军的荷兰骑手斯蒂文·克鲁依斯维克（Steven Kruijswijk）赛后表示说："他太不可思议了。年仅 22 岁就能顶住如此大的压力，我多希望未来十年他不要再来了，否则我们都没什么希望了。"而博尔纳本人表示："一旦取胜，就想继续获胜。身为骑手，必须不断进取，永不满足，有一点像上瘾一样迷恋胜利。"

《费加罗报》2019 年 7 月 29 日刊

起飞吧，扎帕塔的小飞机

弗兰克·扎帕塔（Franky Zapata）成功启动了他的飞行器并让其载着他在云上翱翔，虽然最终并没有成功抵达对岸，但他作为第一个运用自主飞行器穿越英吉利海峡的人，还是为大家开启了一种新的交通方式。在返回法国后的新闻发布会上他说："我们有能力使我们期望的一切东西飞起来。"目前，他的飞行器正在重新上漆。新的飞行器将在未来几周内进行试飞，它配有 10 个引擎，最高时速可达 300km/h。

7 月 25 日早上 8 点刚过，伴着强烈的煤油味和起飞时的噪音，扎帕塔在大家的鼓励下从桑加特海滩出发了。他以平均 140 km / h 的速度穿越英吉利海峡，在有些地方甚至达到 170 km / h。对他来说，这个飞行器证明他的团队掌握了一项创新技术，并可以把它运用在其他领域。在 7 月 14 日国庆阅兵中他的展示就证明了法国军方对飞行器的兴趣。法国军队已经在飞行器上投入了 130 万欧元，以使其更稳定，噪音更少。民众也希望之后能将它运用于民用领域。

扎帕塔的壮举必将载入人类对天空探索的史册。他的名字就像路易·布莱里奥（Louis Blériot）一样会被大家记住。110 年前，布莱里奥也是在同一个地方首次驾驶它的飞机"布莱里奥 11 号"（Blériot XI）穿越英吉利海峡。后来，航空运输不再是冒险家和军队的"专属"，而成为服务大众的一种便利交通方式。航空业发展迅速，飞行器的未来亦是如此。虽然首次的尝试由于在途中加油时不慎落水而导致飞行器电子部件损坏，最终宣告飞行失败，但是扎帕塔满怀信心和动力地告诉大家："我们不会止步于失败。我们不会放弃追求梦想。我们在压力下展现自我，正是这样才让我们变得更好。"

在桑加特海滩上，无数人向扎帕塔的坚韧不拔致敬。许多观众通过手机和新闻频道的直播跟随他一起穿越海峡。扎帕塔最终降落在 34 千米外的圣玛格丽特湾的悬崖上。他说："我们只能活一次，对我来说，如果不是尽我所能去做到一切都是枉过此生！"

《自由报》2019 年 8 月 5 日刊

未成年移民不断增加　代表们束手无策

　　面对未成年移民者人数的剧增，各方代表有意愿去解决，但却因为缺少应急办法而束手无策。需要直面"无人管束未成年人"（MNA）的地方政府部门也有同样的困扰。这些年轻的移民者没有属于他们的法律代表来帮助他们处理生活和财务问题。在一些省份，未成年移民者的数量正以每年 50% 的增幅上涨，而这已经超出了它们能够容纳移民者的限度。相关法律的缺失更是加剧了这一问题，使情况越来越复杂。

　　在对"无人管束未成年人"实施专项援助之前，政府部门需要先评估移民者的年龄，但是负责青少年案件的法官通常会驳回政府的决定，因为一旦一个青少年认为自己已经成年，不愿意接受政府的援助，便会求助于司法机关对政府部门的决定提出异议。不仅是法律的缺失，高额的财政支出也使得地方政府"苦不堪言"，一些代表提出，国家应该考虑到地方接受外来移民人口能力的问题。下莱茵省的省长兼省事务负责人弗雷德里克·比里（Frédéric Bierry）承认一些地区的接待能力已经达到饱和状态。北方的一些省份已经专门设立了解决未成年移民者问题的机构，在 2019 年还将新开设 800 个类似机构。

　　未成年移民者主要可以被分为两类：一类是在沿海地区一心想去英国的年轻人，对政府来说他们很麻烦，因为就算为他们提供了住宿，他们也不会在那里做长期停留。另一类年轻人是想找到工作从而能够有住所和食物。通常这类年轻人都非常努力，当地人也更希望这样的年轻人留下来。

　　一些省份对市镇强加的"团结一致"原则在最初是能被大家理解

的，但随着时间的流逝，大家的忧虑也越来越多了。虽然鼓励未成年移民的迁入确实会让一些商人得益，但不能否认其带来的"巨大财政忧虑"，而这些财政负担最终将落在纳税人的肩上。所以要从根本上解决未成年移民者的问题，需要各个省份、各个部门甚至整个国家的共同努力。

《费加罗报》2019 年 8 月 12 日刊

喀麦隆作家莱昂诺拉·米亚诺

　　1973 年，作家莱昂诺拉·米亚诺（Léonora Miano）出生在喀麦隆，1991 年以来，她一直生活在法国。从第一部小说《深夜》（*L' Intérieur de la nuit*，Plon 出版社，2005 年）开始，米亚诺一直在探索非洲和欧洲之间的联系。此后她的作品均为系列作品：描写非洲大陆暴力的《来日轮廓》（*Contour du jour qui vient*）、《赤色黎明》（*Les Aubes écarlates*，Plon 出版社，2006、2009 年），主题为"边境身份"和"非欧青年"问题的《像黯淡的星星》（*Tels des astres éteints*）、《Elise 的蓝调》（*Blues pour Elise*，Plon 出版社，2008、2010 年），有关跨大西洋条约被遗忘的记忆的《阴影的季节》（*La Saison de l' ombre*，Grasset 出版社，获得 2013 年费米娜奖）、《蓝色三部曲中的红色》（*Red in Blue trilogie*，L' Arche 出版社，2015 年）。

　　几十年前，移民们逃离了"险境"。他们生活在封闭的环境中，崇拜他们的上帝，维护他们的传统。那些接受他们的人指责他们没有融入社会。在欧洲或者法国境内，这些移民是最后一批讲自己母语的人。——这是米亚诺书中所描写的，对米亚诺来说，转移视线才能看得更清楚。将一个当前的问题转移到其他想象的、神话的或仅仅是重新命名的时间和地区，从而以一种更自由、更富有成效的方式提出。

　　米亚诺的第十部小说《红色皇后》（*Rouge impératrice*）似乎是一种断裂，不过这种断裂只是表面上的。在这里，她描述的非洲乌托邦卡蒂奥帕（Katiopa），采纳了她在讲座集《违抗的必要性》（*L' Impératif transgressif*）（L' Arche 出版社，2016 年）中提出的建议："开辟自己的道路"，"不再听从外部指令做决定"。书中的这个联邦是在推翻了一个民族主义独裁政权和两次革命之后建立的。一次是关于想象，另一次是收复失地。这是一个自给自足、尊重人民的文化多样性，同时又将科技与生态结合起来的联盟。管理它的是一个由女性领导的委员会，成员是一群"开明的传统主义者"，以及一个三头政治联盟。

这本形式上完全符合体裁规范的幻想小说，实质是米亚诺对我们这个时代的所有不安进行剖析的一本书。书中运用的尖锐而感性的叙事声音，融合了讽刺与严肃，给人留下了深刻的印象。

《世界报》2019 年 8 月 23 日刊

法国旅游胜地比亚里茨：
迎 G7，设路障，清游客

8月22日星期四午夜前不久，数十名警察在法国西南海岸的度假胜地比亚里茨（Biarritz，大西洋-比利牛斯山脉）设置金属路障。在黑暗中，居民们把车开走，最后一批游客离开了海边，构成一幕奇怪的声音芭蕾。在不到一个小时的时间里，沿海的大片海滩、赌场以及宫殿酒店（拿破仑三世为欧仁妮设计的酒店）与世界其他地方隔绝开来了。在七国集团（G7）峰会前夕，这座城市就这样分裂了。本周末，巴斯克海岸将迎来一群最富裕国家的领导人。

一位酒店老板耐心地向一些英国人解释说："今后有两个比亚里茨，甚至三个。"这些英国人不太理解，老板做此判断到底是因为身处世界大事中心而太激动了，还是因为特殊安全措施让假期变得复杂而令人恼怒。几平方千米内确实有三个比亚里茨。

首先是传统城区，大部分度假者被疏散，部分通道现在被法兰西共和国保安部队（CRS）的卡车阻塞。其次是房地产经纪人口中的"二线"地区，这里只有居民和酒店客户才能进入。位于比亚里茨市中心的这一地区，任何路过的人都必须佩戴徽章。一位店主喃喃自语道："你觉得自己生活在盛夏，客流量却和秋季时一样。"露天座位有一半是空的。往常拥挤的餐馆就和万圣节周一样安静。街道上不再有交通堵塞的问题，汽车也几乎消失了。

接着，当我们接近大西洋时，"第一区"出现了，这一区域被警察和军队封锁，市政厅在过去十天分发的城市地图上将其用红线标出。在赌场和各国元首（唐纳德·特朗普除外）下榻的酒店前，来自 G7 国家的代表团相聚在这里。受邀而来的印度、澳大利亚、非洲国家的代表团只有周日才能"入场"。

《世界报》2019 年 8 月 24 日刊

马云和马斯克在人工智能问题上的分歧

　　谁对人工智能的发展表示担忧？显然马云不属于这类人。这位因创立了电商巨头阿里巴巴而闻名中外的中国商人是本周在上海召开的世界智能大会上的明星嘉宾。他与特斯拉总裁埃隆·马斯克（Elon Musk）围绕多个未来主题特别是人工智能展开了精彩辩论。

　　埃隆·马斯克对该问题的态度非常明确，这在美国人尽皆知。他主张限制这些科技的发展，原因是他认为如果这些科技过于发达对人类是一种潜在威胁。出于这个目的，他成立了 Open AI 协会，这个协会后来发展成了一家企业。它的主要目标就是确保人工智能"为人类所用"，不会对人类产生任何不利影响。"我们常常低估了人工智能的能力，"马斯克在上海世界智能大会上反复强调，"大家总是认为人工智能就是一种聪明的人类，但事实上它可以远比你我所知的最聪明的人类还要更聪明。"而马云则对这一观点表示怀疑："人类不可能会被机器所控制。我们无法创造出比我们更聪明的产品。我持乐观态度，我不认为人工智能会成为一种威胁……我认为即使机器比人类更灵敏，人类也永远是更聪明的。"马云补充道："知识和经验是不同的，电脑是人类创造的工具，诚然这个工具很强大，但我们亦可创造其他的工具。人类在世界上最宝贵的财富，不是石油，不是电力，而是人的大脑。"马斯克则认为由于对电脑过度依赖，人类已经是一种"赛博格"（cyborg），他预言"我们终将会没有任何理解能力，什么也干不了"。此外，马斯克在组织进行连接人脑和机器的试验。Neuralink 是马斯克创立的另一家企业，它的主要目标是要在人的颅骨中植入电极，使人类可以直接和机器沟通。

　　在科技领域对人工智能发展充满担忧的并非只有马斯克一人。2018年逝世的著名物理学家史蒂芬·霍金（Stephen Hawking）也对这一主题持批判看法。而让广大政客、专家和民众越发感到担忧的是人工智能对视频的操控和人脸识别泛滥所导致的监控、间谍等行为，人们不禁越来越担忧：可以说人工智能过于聪明，如果是某些人恶意使用人工智能呢？

《费加罗报》2019 年 8 月 31 日刊

法国高中改革从试验到推行

若非亲眼所见，许多人或许永远不会相信：从这个开学季伊始，普通高中文理及经济社会分科已经彻底消失了。取而代之的是一种模块化高中，学生们在规定好的公共课之外需要自主规划个人培养计划。

随着高一新生下周陆续入学，各教学单位将进行全方位的教育改革：重新分班、重新设置作息课表、安排教学场所等。部分经历了六月高考风波困扰的教师们对此次法国教育部部长布兰奎尔的高中改革持反对态度，有人认为他的改革像"天然气工厂"，充满不确定性，也有人预言这次改革将遭遇"重重挑战"。但大多数教师认为现在为改革盖棺定论为时尚早。毫无疑问的是，此次高一教育改革将因不同高中的实际情况而产生不同的结果。这也是8月30日周五开学前夕接受采访的教师们的普遍观点。

在看到改革后的作息时间表后，法国中学教师工会成员、塞纳圣德尼区奥贝尔维叶镇柯布西耶中学数学教师拉法埃尔·吉罗米尼（Raphaël Giromini）表示："这次改革比我预想中的要好一点。"同为工会成员的马赛中学教师斯特凡·锐欧也有着相同的看法："从整体上看，有赖于中学高效的决策执行体系，作息时间相对科学。我认为这和去年相比没什么变化。"

新的分科规则将导致同一个班级的学生在近一半的教学时间内不同班的情况（每人有12个小时的个人专业课程和14个小时的全班公共课课程），这使塞纳马恩区谢尔镇非工会成员教师弗洛朗丝（化名）感到颇为难办，她担心这种时间作息上的"不协调"导致更难组织学生上课。她认为这种不均等的上课时间会加剧某些不良现象，例如，住得近的同学可能会频繁往返于家和学校之间（或者干脆翘课），而住得远的同学则留在学校里闲逛。她所在的中学并没有一个真正意义上的接待室，也没有任何监督手段。"学生没课的时候他们要待在哪里，做些什么呢？"她不禁发问。

《世界报》2019 年 9 月 3 日刊

巴黎大众运输公司（RATP）
内部弥漫对未来的担忧

10条地铁线路被封，还有4条几乎停运，RER A、B线进入最小运行模式，公共汽车和有轨电车间歇性停工……巴黎大众运输公司（Régie autonome des transports parisiens，RATP）的乘客们将对2019年9月13日星期五这天记忆深刻。上一次人们在巴黎地铁和公共汽车管理局这样表达愤怒还要追溯到2007年。这家近年来一直是社会和平倡导者的运输公司，在过去10年间，每名员工平均每年只有0.5天的罢工时间，却在周五成了罢工基地。究竟什么深层次的混乱、什么样的集体创伤，能解释这一震耳欲聋的爆发？

首先，也是最重要的，有人希望触及RATP养老金。领导层和雇员一致认为，《德勒瓦关于重大养恤金改革的报告》发布，以及其作者随后被任命为政府成员，可能导致取消法律规定的工作人员养恤金特别计划，这一趋势引发了冲突。"大众集体第一大工会"（UNSARATP）秘书长蒂埃里·巴贝克（Thierry Babec）总结道："这种养老金制度是企业归属感的核心因素。"RATP南部分公司（SUD-RATP）代表德尔普拉特（Jean-Christophe Delprat）表示："触及我们的养老金，这是打破社会契约，甚至是道德契约。"同法国国家铁路公司（SNCF）一样，该公司几年前就看到了开放竞争的前景以及垄断地位的消失。即日起，在RATP范围内开通的任何新地铁、电车或巴士，均须招标。2020年开始运营的有轨电车线路T9（巴黎—奥利）不由RATP管辖，而是由SNCF的子公司Keolis负责。这种对未来的担忧在公交车队的1.8万名员工中最为强

烈，他们的期限最临近，最怕被赶出 RATP，要么员工将被调往一家将
会赢得市场的新公司，要么 RATP 决定将业务外包给其 RATP Dev 子公
司。

传统老牌的工会开始担心最近出现的新组织，这也表明该领域正变
得激进。工会集会于 2018 年 9 月成立，是一个在公交网络中建设得良好
的组织。一年半前，它由原 SUD 和 CGT 成员组成的工会 La Base 成立，
自称受到"黄马甲"运动的启发——可参与，无领袖，不妥协。地铁司
机弗雷德·罗巴瑟（Fred Rohrbasser）是该组织的负责人之一，他直言
不讳地宣称："我们希望无限期罢工。"

《世界报》2019 年 9 月 14 日刊

同工同酬：道阻且长

如今，法国各个公司已经开始缩小男女之间的薪资差距，但这并非易事。实际上这也是劳动部部长穆里尔·佩尼科德（Muriel Pénicaud）在9月17日星期二发表的关于职业平等指数的报告中要强调的信息。

根据2018年9月5日发布的"职业前景"法律条例，我们可以通过对比同一家公司中男女职员的薪酬情况，来对这家公司进行打分，它以职业平等指数的形式呈现，满分为100分，包含五个标准（如薪水差异、个人加薪幅度等）。根据评分，我们发现，真正实现薪酬平等的公司比例很小。在4772家公司中仅有167家达到了99分或100分，也就是说仅有3.5%的公司实现了薪酬平等。而那些评级低于75分的"红色预警"公司，则必须采取措施使评分在三年内达到75分，否则将受到经济处罚。

弥补薪酬差距的一个重要措施是，如果在女性休产假期间，其同事进行了调薪，那么在妇女回来后也应享受同样幅度的调薪。虽然在2006年的法律中已经对此作了明确规定，但仍有部分公司没有遵守。同时，女性很难任职薪酬较高的管理职位。仅有一半的大公司，它们的薪水排名前十名中至少有两名女性。雇员人数为251—1000人的公司情况相对较好，60%的公司至少有两名女性在最高薪水的前十名中。

职业平等指数的建立使很多公司开始采取行动来解决男女薪酬不平等的问题，它们意识到这对于公司的声誉和吸引人才来说都很重要。自3月1日开始，所有雇佣超过1000名员工的公司必须公布其职业平等指数。对于那些没有按时公布数据的公司，都进行了罚款并责令其老板公布指数。而对于雇员人数为 251—1000 人的公司，它们必须在 9 月 1 日之前计算和公布其职业平等指数。

《世界报》2019 年 9 月 18 日刊

失业保险改革：40%的人将不再受益

自 6 月 18 日失业保险改革方案推出以来，它就因复杂的参数和抽象模糊的数据统计经常被谈论。近来，负责部署改革措施的"全国工商就业协会"（Unédic）发布了一则工作报告，使我们对这项改革可能带来的具体影响有了更清晰的认识。根据这份报告，这一改革将会对 40% 以上原本受益于该计划的求职者带来消极影响。工会组织因此谴责了这一可能严重影响失业者收入的方案。

改革主要集中在三个方面：第一，享受失业保险津贴的条件更加严格了；第二，对于那些在工作时享有高薪的人群，他们的津贴将从失业后的第七个月开始减少；第三，计算津贴金额的方法也进行了调整。前两项举措将于 2019 年 11 月起施行，第三项举措将于 2020 年 4 月起施行。这些改革举措将会影响一大部分人，受助人领到的津贴会以不同比例减少，但这会为政府节省巨大开支，仅在 2020 年至 2021 年，因改革产生的总节约额就将超过 34 亿欧元。

然而"全国工商就业协会"的这份工作报告具有一定的片面性。它似乎并没有考虑到这些改革措施将为公司和员工带来的改变和积极影响。施行这些措施的初衷是为了修改那些由现行规则衍生出来的负面条例，它试图通过激励"可持续就业"的方式来遏止短期合同和有偿失业情况的出现。而且这份工作报告还遗漏了"20%的失业者的津贴高于他们在工作时的平均月薪"这一内容。政府是希望用新的计算公式来消除

"不平等和产生不利影响"的根源。同时，工作报告并未提及这项改革加强了对失业者的帮助，并将使许多人摆脱失业。

《世界报》2019 年 9 月 21 日刊

从东欧到西欧，以及阿拉伯国家，
一同向"一位伟大的朋友"告别

周四一整天，世界各国领导人都在悼念这位法国前总统——雅克·希拉克。毫无疑问，希拉克在国内政治上是谨慎的，他以戴高乐式的外交政策在国外留下了自己的印记，最有力的时刻是 2003 年春天，他与德国总理格哈德·施罗德（Gerhard Schröder）一道反对美国干预伊拉克。今年 6 月底，弗拉基米尔·普京（Vladimir Poutine）在接受英国《金融时报》采访时表示，这位法国前总统是给他印象最深的外国领导人，他是"一个真正的知识分子，一个真正的老师"。在他去世的消息公布后，这位克里姆林宫的铁腕人物向这位"明智而有远见的……始终捍卫国家利益"的领导人致敬。

曾在与莱昂内尔·若斯潘（Lionel Jospin）的共治政府中担任外交部部长的休伯特·韦德林（Hubert Védrine）表示，雅克·希拉克的外交无疑是一种"忠于盟友而非附庸"的法国外交。他的外交政策在调式和风格上与他的前任弗朗索瓦·密特朗（François Mitterrand）形成了鲜明对比，尤其是在前南斯拉夫问题上，他对塞尔维亚人的暴行的反应更加强硬。希拉克明白，在一个精心编纂的外交世界里，只有意外的"打击"才会给人们的思想留下印象。这方面的一个例子是，1996 年他访问以色列时，边防警察企图限制他在耶路撒冷旧城的行动自由，他与他们发生争执。

从黎巴嫩总理萨阿德·哈里里（Saad Hariri）开始，阿拉伯世界表达了他们的悲痛。哈里里的父亲是已故前总统的密友。哈里里强调说：

"今天，法国最伟大的人之一离开了我们。"他回忆道，这位法国前总统"站在巴勒斯坦人民及其正义事业的一边"，"在最困难的情况下"支持黎巴嫩。摩洛哥国王穆罕默德六世（Mohammed VI）向他儿时认识的"伟大总统"、"一位伟大的，通过建立特殊伙伴关系，为巩固我们两国人民之间的友谊作出积极贡献的朋友"致敬。非洲国家元首们向这位被塞内加尔前总统阿卜杜拉耶·瓦德（Abdoulaye Wade）称作"非洲倡导者"的人致敬。

《世界报》2019 年 9 月 28 日刊

社会保障账目预计到 2023 年恢复平衡

　　9 月 30 日，根据呈递的社会保障资金法案，用于支付失业者养老金及最低老龄养恤金的一般计划赤字和养老互助基金赤字，在 2019 年可能增至 54 亿欧元，到 2020 年为 51 亿欧元，与本届政府 2017 年接手管理时的水平相当。

　　"黄马甲"运动就是从这里开始的。取消上涨社会普摊税，代之以小额养恤金；由企业支付免社会分摊费的特殊津贴直至 2020 年；提前到 1 月 1 日的废除额外工时税，对社会保障账目产生了很大影响。此外，政府以往对经济增长和工资总额的预测较为乐观，然而它们没有像设想的那样增长，从而减少了预期收入。

　　具体来说，2019 年和 2020 年，只有工伤和家庭部门可能维持正常，疾病部门将再次陷入赤字泥潭，预计赤字达 30 亿欧元。医院继续承受压力：到 2020 年，国家医疗保险支出目标（Ondam）上涨 2.3%（即 46 亿欧元的额外支出），"这可能是实现公共财政目标所必需的，但公立医院和医疗质量不太可能在不造成损害的情况下维持这一目标。"养老金指导理事会主席布拉斯（Pierre-Louis Bras）在《健康论坛》表示。

　　受影响最大的是养老部门。承担私营企业雇员基本计划的国家养老保险基金（la Caisse nationale d'assurance vieillesse）账户在 2018 年还略有盈余，今年则赤字 21 亿欧元。再加上养老互助基金的 23 亿欧元赤字，共 44 亿欧元需填补。

　　在马克龙计划于 2025 年之前恢复收支平衡，并尽快生效新的普遍制度之际，这足以重新引发有关可能削减养老金措施的辩论。尽管 7 月行政部门在 2020 年社会保障资金的法律草案中未考虑这一想法，但并未将它完全抛弃。政府可能将其纳入系统性改革法案，该法案将在 2020 年 3 月的市政选举前公布，并在夏季之前进行投票。这一选择是充满风险的，因为反对这个大项目的抗议活动已经在 9 月多次爆发，一些巴黎独立运输公司（RATP）的工会也呼吁自 12 月 5 日起进行"无限期罢工"。

《世界报》2019 年 10 月 1 日刊

暴力镇压在伊拉克的光天化日下进行

10月7日（周一）晚，社交媒体上出现数百个血腥视频。自10月1日起抗议政府的伊拉克青年迅速下载并保存了这些证据，证明他们正在面临巴格达和该国南部什叶派的镇压。画面显示，他们被迎面的防暴部队或隐形狙击手的子弹扫射头部或心脏而流血倒地。

抗议活动谴责与伊朗关系密切的什叶派政党及其武装派别对国家的控制。在推特上，"伊拉克正在被伊朗消灭"的话题很热。强大的亲伊朗民兵控制着人民动员部队（unités de la mobilisation populaire），这是一支15万人的部队，成立于2014年，旨在对抗"伊斯兰国"，目前已并入武装部队。自2004年以来，他们已经渗透进联邦警察。聚集该部队领袖的联盟成为2018年议会的第二大政治力量。

周日，经过两天极度血腥的镇压，加之总理阿德尔·阿卜杜勒·马赫迪（Adel Abdel Mahdi）宣布了17项即时社会经济措施，大多数抗议活动开始式微，但并未消失。据最新官方统计，在110多人死亡、6000多人受伤之后，为流血"烈士"报仇的愿望激起了愤怒。周一晚上，在距离巴格达市中心几千米外的400万什叶派聚居区萨德尔市，抗议活动仍在继续。前一天，抗议者和安全部队发生暴力冲突，造成15人死亡。

什叶派领导人萨德尔（Moqtada Al-Sadr）的据点发生暴力事件，造成严重伤亡，军事指挥部承认"过度使用武力"，并宣布"追究过错军官的责任"。政府和内政部一直在谴责袭击背后的"恶意之手"，并否认与血腥镇压有牵连。

随着对抗议者和记者的攻击，失控武装派别的幽灵再次出现。早在

7月1日，总理给人民动员部队一个月时间，把所有的部队、武器、安全检查站、司令部总部和训练营置于国家权力之下，切断与政党的一切联系，关闭经济办公室。但到7月底，政府法令的执行被无限期推迟，只采取了几项措施，对该组织没有任何实际影响。

《世界报》2019 年 10 月 9 日刊

库尔德人向阿萨德政府求助抵抗土耳其

10月13日星期日，在叙利亚最大的库尔德城市卡米什勒（Kamechliyé）的仁慈医院里，一切都好像崩塌了。痛苦的尖叫，被烧伤的身体，绝望充斥着整个医院。当天早些时候，土耳其炮兵团摧毁了一支由库尔德人领导的平民部队，当时这支部队正前往约100千米外的西部重镇拉斯·艾因（Ras AlAïn）抵御土耳其及伊斯兰民兵组织的入侵。据叙利亚人权观察社称，截至10月9日，自土耳其进攻以来已有60名平民和104名库尔德战斗人员丧生。

尽管通信受阻，但人们知道土耳其军队正在不断进攻。五天之内，已经有13万人无家可归。他们躲在货车车厢里，脸上的汗水随着车子的摇摆而晃动，被子被堆积起来做遮掩，手机上满是行刑时的图片，还有那些死去的孩子的照片。不到一周的时间，失败就已成定局。从星期一的黎明时分开始，巴沙尔·阿萨德（Bachar Al-Assad）的"屠杀"式政权将重新统治这里。

曾经愉快的联盟时光已经一去不复返。周日，特朗普下令从叙利亚北部撤出约1000名美军，然而这本来应该是庆祝在科巴尼（Kobané）的对抗联盟成立五周年的日子。而现在，在土耳其大军压境的关键时刻，美方却选择出卖昔日并肩作战的盟友。面对土耳其军队的进攻，库尔德防卫和安全部队（les FDS）不得不与叙利亚政府军达成联手协议，同意其在叙利亚北部部署军队，以支援防卫和安全部队反抗土耳其军队及其盟友部队的入侵。

但是战争真的结束了吗？"我们已经为这一天的到来做好了准备。"

一名卡米什勒的官员法扎·优素福（Fawza Youssef）说道。在自卫队军事公墓里，四名战争受害者被埋葬，她独自一人在人群中哭泣。她是在为逝去的死者哭泣吗？又或是在为库尔德人耐心建立起来的政权的崩塌而哭泣？抑或是在为那些曾经帮助过他们的大国，为他们随意的背叛而哭泣？还是在为一个世界的终结而哭泣？

《世界报》2019 年 10 月 15 日刊

智利总统：我们正"处于战争状态"

10月20日星期日，智利首都圣地亚哥市中心的主街道比丘纳·麦克肯纳大道（L'avenue Vicuña-Mac-kenna）变成了战场。一些示威者在此分散成小组，游行前往冲突的中心——意大利广场。随着警民冲突的不断加剧，总统塞巴斯蒂安·皮涅拉（Sebastian Piñera）紧急宣布取消调涨地铁票价。然而这并没有平息示威者的怒火，即使已经有多地实施宵禁，示威活动却仍在继续。

其实地铁票价上涨只是这场暴乱的导火索，而背后的实质是民众对社会贫富差距不满情绪的长期积累后的爆发。智利虽然一直被看作拉丁美洲政治和经济稳定的典范，但其内部却有着严重的社会问题。受到强烈抨击的养老金制度，高昂的医疗和教育费用，这些都是导致这场混乱的原因。

智利是经合组织中最不平等的国家之一。据联合国统计，智利有1%的人集中了该国25%以上的财富。在这里生活成本不断提高，一半的智利工人每月收入等于或少于500欧元，而圣地亚哥的地铁车票价格在高峰时段从800比索提高到830比索（约合1.04欧元），这对许多人来说已经负担不起。

周日下午，在智利首都市中心的努诺阿广场（la plaza Nuñoa）挤满了和平抗议的年轻人。27岁的路易斯·桑塔纳（Luis Santana）强调："我们要表明这场游行不是暴力的，暴力破坏只是少数极端分子的做法。"

但自骚乱爆发以来仍不断有抢劫和纵火事件发生，截至目前，死亡人数已达七人。智利总统在星期日的电视讲话中表达了对"不尊重一切、不尊重人民、破坏国家秩序的犯罪分子"的反对，同时重申对负责治安的哈维尔·伊图里亚加（Javier Itur riaga）将军的支持。然而对于圣地亚哥的居民来说，街道上部署的 9000 多名士兵和行驶的坦克让很多人想起了在奥古斯托·皮诺切特（Augusto Pinochet）军事独裁统治时期（1973—1990 年）所遭受的创伤。

《世界报》2019 年 10 月 22 日刊

伊斯兰头巾：妇女们的心声

佩戴头巾往往在宗教习俗中被认为是妇女们通向神明的一种修行，尽管是否佩戴它是非常个人化的选择，有很多妇女甚至早前极其反对戴头巾，但她们最终选择戴上它。拉尼亚是巴黎的一位护士，在 19 岁选择接受头巾之前，她极为抵制头巾。当时的她不懂为什么只有女人要被迫戴头巾而男人不用。为此她借鉴了其他宗教关于纯洁贞操的教义，包括犹太教和基督教，最终她选择戴上头巾。她戏称："这就是我坚守贞操的做法，我皈依真主却不屈服于男人们。"

这种自我探求有时也会产生反差极大、令人错愕的结果。娜薇儿成长于一个相对世俗的家庭。高中和大学时期，她自诩是无神论者。之后，她的个人经历将她引向了截然不同的道路——她开始频繁接触伊斯兰教团体。"我反复思虑，遍读经典，和他人促膝长谈后才作出重新让真主充盈我生命的决定。""我并不是因为我的族裔才选择皈依真主。"研习古兰经使她豁然开朗。她开始祷告，不断钻研宗教经典。在她看来，妇女"皈依伊斯兰教"必须要"戴头巾"。"头巾象征着女子的纯洁与贞操，但在我看来，这首先体现对伊斯兰教的热忱。"她从未出入过清真寺，也没有听过任何一场教义讲座。对任何自诩教人"如何生活、如何思考"的人，她都嗤之以鼻。

其他遭遇来自家庭方面压力的女孩们呼吁自由选择戴不戴头巾。玛琳至今记得她第一次选择戴上头巾时的情景。在她上高一时的某个周日晚上，她的祖母和她的姑姑们再三想要说服她戴头巾。"她们越是强迫我戴，我就越不会戴！没人能强迫我戴，当她们不再强迫我的时候，我才选择戴，那是因为我想要戴，我认真思考后才决定戴，我认为那些戴头巾的女生才是勇敢做自己的姑娘，戴头巾使我们离真主更近。"

　　而反观上一个年代，女人们选择戴头巾更多是因为传统习俗。原籍摩洛哥的乌阿塔尼娅是一位 64 岁的护工，她从未自忖为何要戴头巾。在马格里布地区，成长到一定年龄段或者去麦加朝圣过的女生会自己主动戴上头巾。她说："这就是社会文化，没有为什么。"对于马格里布的年轻一代，这种习俗逐渐发生了改变。扎拉是住在里昂的一位 40 岁的月嫂，她说："我母亲来自阿尔及利亚，大字不识，戴上头巾是因为她别无选择。我在法国出生，是我不断抗争才有了戴头巾的权利。"她父亲在法国国家铁路公司工作，她母亲是家庭主妇，他们对扎拉的选择十分不解。"他们艰辛打拼，努力融入法国社会，也反复和我说'你在法国出生，你有自由选择的权利'，但对我来说，戴头巾是女性美和身份认同的体现。"

《世界报》2019 年 10 月 29 日刊

蓬皮杜艺术中心希望"扬名"于中国

"蓬皮杜艺术中心×西岸美术馆"的合作展览于 11 月 5 日星期二在上海开幕，正在中国进行为期三天国事访问的马克龙出席了此次揭幕仪式。展馆名为"时间的形状"，出自英国建筑师大卫·奇普菲尔德（David Chipperfield）之手，由三个白色玻璃和混凝土的大立方体组成，是中国第一个大型外国美术馆。蓬皮杜艺术中心为这次展览借出了 175 幅油画作品，以及文件、音频、视频等多媒体作品。这不仅仅是一次藏品的汇集，更是给大众提供了一个了解 20 世纪和 21 世纪艺术史的视角。

这个面积达 2.5 万平方米的展馆位于上海市新的艺术"长廊"——徐汇滨江地区的中心，蓬皮杜艺术中心负责组织和设计展览及人员培训，西岸美术馆则负责舞蹈工作室、儿童游乐场和法国餐厅的运营。"在这里落户是为我们的未来做准备。"蓬皮杜艺术中心主席塞尔日·拉斯维涅（Serge Lasvignes）说道。继梅斯（Metz）、马拉加（Malaga）和布鲁塞尔（Bruxelles）之后，蓬皮杜艺术中心希望继续开设自己的分馆。对其来说，这既是战略部署，也是财政需要。预计此次与西岸美术馆在上海的合作项目将为其带来每年 400 万欧元的收入，这将使其在国外分馆的收入增加一倍。除此之外，蓬皮杜艺术中心还在考虑如何能够吸引更多的新游客，其每年接待的游客中仅有 1% 来自中国。

此次项目策展人兼新媒体部负责人马萨拉·利斯塔（Marcella Lista）认为中国对于传统艺术非常重视，但却忽视了 20 世纪以来的当代艺术。他们希望大众能够对中国当代艺术有一定了解和思考。展览内容得到了中国相关文化部门的批准，使其有足够自由的空间来推动布展工作。但对蓬皮杜艺术中心来说，其挑战之一是如何能够同中国艺术进行更好的融合。正如马克龙在其就职演讲中提道的："中法之间的文化纽带是深厚的同时也是复杂的。"挑战之二便是如何让自己在中国更加"出名"。

《世界报》2019 年 11 月 7 日刊

社保改革：初露锋芒

　　法国总统马克龙于 2018 年 9 月宣布要对社会救济金体系进行改革，而目前该项改革进展尴尬：对于该项改革实施的具体时间仍存在分歧。11 月 9 日周六，社保部推出一项旨在推进该项改革的政府备忘录，列举了社保改革后的几种不同情况进行分析。该份 80 页的报告的撰写者为社保部负责统一劳酬改革的法布里斯·兰格拉尔（Fabrice Lenglart），报告于周四印发给各反社会排斥组织。报告仅涉及几种政策构想而未提及实施评估结果，主要基于一年前马克龙提出的改革纲要细化出几种不同的改革构想。各大社会组织普遍担忧一旦该项改革正式实施会使低收入群体丧失保障。

　　社保改革事务国务卿克里斯黛儿·杜波（Christelle Dubos）认为，"当务之急是要出台全体民众都可读懂的社保改革政策解释"，这也是改革执行层面最亟待解决的问题。现今共有十种低保体系，其中包括劳动补助社保（revenu de solidarité active，RSA），这种体系包含了劳动津贴和个人住房津贴（aides personnelles au logement，APL）。这些补助是根据个人收入进行计算，不同款项根据不同规定如参补资格等可兼得。兰格拉尔先生在报告中指出，社保体系是"不可或缺的安全网"，但现有体系证明流程极为复杂，结果导致很多人明明有权享有津贴却无奈选择放弃。另外他也指出，申报津贴过程中存在不公正或滥用权利现象。

　　该项改革旨在简化津贴审批流程并使津贴发放更为公平，同时政府声称期望借由改革，提高社会就业率，刺激税收增长。但这往往只是一种理想情况，伴随收入增长而来的往往是社会补助的削减。需要强调的一点是，在社保部此次推出的政策解读中，政府承诺改革后的社保津贴财政拨款将维持改革前的水平。但改革依旧被批没有体谅大批民众亟须申领社会津贴的现实需要，就算津贴资金来源于政府且政府目前财政赤字较大，但社会普遍认为应寻找其他资金流维持社会津贴水平。

《世界报》2019 年 11 月 10 日刊

法国：2015—2018 年
恐怖袭击者身份调查研究

自 2015 年血染法国的"圣战"袭击浪潮开始以来，分析这一现象的学术著作越来越多。2015 年 11 月 13 日的恐怖袭击是法国领土上有史以来死伤最惨重的一次恐怖袭击，随着纪念活动的临近，一项研究调查了 2015 年至 2018 年成功或失败的 88 起恐怖袭击。

格扎维埃·克雷蒂伊和他的学生伊万·巴洛斯是研究极端化问题的专家，主要在伊夫林省圣日耳曼昂莱的巴黎政治学院主持公民讲座。通过分析 163 个萨拉菲主义"圣战"者，他们提到了一些常常被忽视的方面。

这项研究表明，在 2015 年至 2018 年"成功"的 13 起袭击中，"没有一起涉及女性"。然而，女性在涉及使用炸药（8 例）或使用冷兵器（7 例）的"计划"中所占比例过高。女性（35%）比男性（16%）更容易皈依。另一个特点是，只有一名妇女有犯罪记录。

这些袭击者的平均年龄在 25 岁左右，其中 16% 是未成年人，最小的 13 岁，最大的 65 岁；在 163 起案件中，绝大多数涉及法国人，只有 32 起涉及外国人，9 起涉及双国籍公民。克雷蒂伊和巴洛斯研究发现：袭击者来自不同的地区，特定地区与"圣战"活动之间没有必然联系。

克雷蒂伊和巴洛斯发现，袭击者往往没有犯罪记录。在能够获得详细信息的 99 个人中，有 57 人没有前科。这一发现与主流的警方观点形成了鲜明对比，警方明确表明犯罪生涯和武装生涯之间具有连续性，这一现象在伊斯兰国家的最近几代人中尤为突出。

最后，研究发现，只有三名袭击者可以被认为是"孤独的狼"。克雷蒂伊和巴洛斯得出结论，试图将"圣战"主义与巴斯克分裂组织（ETA）或爱尔兰共和军等实施的"有组织的"政治暴力区分开来的"倾向"是错误的。尽管在102份研究报告中，只有13%的人属于"圣战"分支，但在他们看来，"伊斯兰暴力"仍然属于"传统的、有领导的、有组织的（甚至是远程和虚拟的）政治暴力"。

《世界报》2019年11月14日刊

里昂大学生自焚：2009 年至 2019 年，大学生的生活成本上涨了吗？

11 月 8 日，里昂一名大学生阿纳斯因经济状况窘困而导致无法继续生活，在里昂大学生生活管理中心（CROUS）前自焚，烧伤面积达90%。此事一出，激起全国大学生对于该群体贫困状况的集体抗议。

社会事务稽核总局（l' Inspection générale des affaires sociales）2015年发布的一项报告显示，19.1%的大学生生活在贫困线以下；且相比全国总人口数据，2002 年至 2012 年，18—24 岁的年轻人是不平等指数最高、贫困率增长最快的人群。

本文从学费、住房、交通、餐费和医疗花费等几个方面探究法国大学生十年间生活成本的变化情况。

尽管统计显示，2011 年至 2019 年，大学生的入学费用有所降低，且有一半左右的大学生从事实习、兼职等有偿职业活动，但还是有 23%的大学生表示存在经济困难。社会标准助学金在冻结三年后平均增长了1.1%，但通货膨胀率为 1.2%，使得这种帮助仍显不足。

住宿占大学生花费 50%—60%的份额，在法国由 CROUS 经营管理的公共宿舍数量严重紧缺，加之由于一些城市房租上涨，导致大学生的住宿及相关费用也水涨船高。

在交通方面，有些城市给全体大学生或享受助学金的大学生低价出行的优惠政策，但在其他城市，交通费用在 2013 年至 2019 年持续增长。

法国全国学生联合会（l' Unef）谴责大学食堂涨价。据称，2006 年至 2019 年，大学生食堂餐费从 2.75 欧元上涨至 3.3 欧元，总体涨幅为

20%，不同地区之间有所差异。法国学生总联合会（la Fage）自 2009 年起依据社会标准设立杂货店，学生可以在那里买到便宜的食品、生活及学习用品。

针对大学生的特殊医疗保障制度于 2017 年终结，大学生群体自此被纳入总体医保计划中，得以免除超过 200 欧元的高额费用。但补充医疗保障由此缺乏，相比之前 85% 的比例，现在只能覆盖 65% 的大学生。

《二十分钟报》2019 年 11 月 17 日刊

巴黎 2024 年奥运村修建拉开帷幕

由奥林匹克工程运输公司（Solideo）组成的评审会在 11 月 22 日周五最终敲定了在塞纳-圣但尼省（Seine-Saint-Denis）两个最重要区域的建造计划。这一计划已获得公民委员会、代表委员会及奥林匹克工程运输公司的一致通过。但其实施过程还是面临阻碍，一些问题成为矛盾中心，例如对于拆除 300 名工人的住所和学生宿舍，Solideo 公司提出的解决方案并没有被接受。

我们可以从图片和视频中看出这一项目的规划和愿景。木质结构的建筑耸立在城市森林之中，底层是商店，行人公共空间一直延伸到塞纳河畔。环境和团结部国务秘书艾曼纽·沃贡（Emmanuelle Wargon）称这一项目的标志是"生态特色：它代表了未来建筑业的发展方向和标准"。Solideo 公司希望在建造过程中尽可能多地使用木材，以此达到将建筑物的碳足迹减少 40% 的目标。沃贡还提到"这对于法国木材工业来说将是一次发展机遇，对于建筑业来说也是一条降低成本和风险的良好经验"。

该项目计划于 2023 年年底交付使用。共有 50 公顷土地同时开发和建设，是法国最重要的城市规划项目之一，获得了 10 亿欧元的私人投资和近 3 亿欧元的公共补贴。2024 年 7 月 26 日至 9 月 8 日，在奥运会和残奥会期间将有 16000 名运动员及随行人员入住这个"大本营"。奥运会结束后，该村将进行一年的改造，成为一个包含家庭住房、学生宿舍、办公区域、商店以及公共设施的社区，能够容纳 6000 名居民和 6000 名员工。但也有人认为奥运村并不能满足圣但尼省居民的居住需求。

还有人提出奥运村的建设缺乏整体视野，甚至与环境发展规划是背道而驰的。例如围绕着圣但尼省阿纳托莱·法兰西学校（l'école Anatole-France）的十条轨道的修建就没有考虑到学校学生呼吸的空气质量问题。一位年轻女子说道："孤立地看，每个建筑都可谓模范，但所有这些规划之间没有协调一致性。"

《世界报》2019 年 11 月 24 日刊

消防员——社会救急者

呛人的味道和死人的气息在某公寓处蔓延。三位消防员冲进现场，检视厨房和客厅。路过卧室时，他们看到床上横躺着一具男性尸体：50岁上下，神情木讷，望向天花板。目前该男性死因未知但基本可排除他杀：尸体未经触动，寓所从内反锁至少两日。

死者的护士曾数次打过电话都无人接听，担忧的她拨打了救援电话。她在楼梯间中向消防员描述该男子深居简出，交际仅限于别人登门拜访。街坊四邻们听到救护车上蓝色汽笛的声音纷纷聚集到楼道里。席尔瓦上士把门关上，留给看官们一片死寂。"平时大家谁也不过问他，现在我们消防员来了，大家都出来看热闹……"

法国全国目前有 24.8 万名消防员，本文中采访到的马修、迪米特里和席尔瓦都隶属于雷恩南部小城布罗斯那（Blosne）消防营。2017年，他们共参与解决 465.15 万起案件，较 2007 年增加了 70 万起。他们参与救火的案件数同比并未增长，但在"救助平民"方面的责任更为重大：搜寻并帮助独居人士、陪伴孤寡老人弥补他们的身心挫折、接收帮扶被其他医疗机构拒收的无家可归人员。

此类"社会"救助行动占消防营日常行动的 3/4。雷恩市一位 54 岁的消防中尉雅克·博斯（Jacques Bosse）表示："我们见惯了社会纠纷，以至于自己都成了穷人的医生、社会医疗急救体系的围墙。"

两起案件间隙的休息时间，他坐在消防营里的"起居室"里休息。全消防营共有 80 位男性、6 位女性，大家三班倒，上一休二。他本人当了 20 年消防员，其中在雷恩市中心的圣乔治消防营工作了 10 年。从周四晚上一直到周日早上，他的手下都不得不看护着因过度酗酒导致昏迷又被同伴丢下的人们。他依旧记得曾有一位雷恩市负责社会治安的议员为了塑造自己亲民的形象便来到消防营和他们共度一晚，最后他自己被纷至沓来的事件给烦走了。消防营队长表示："从政策上讲需要我们冲锋陷阵的工作少了很多，但我们工作的本质并没有变，我们尤其不应该在工作中拈轻怕重：我们工作的意义就是帮助别人。"

《世界报》2019 年 12 月 3 日刊

挪威，塑料瓶回收的冠军

得益于一个叫作 RVM（反向自动售货机）的大型机器及其运作系统，挪威在 2018 年共回收 12 亿只塑料瓶，回收率超过 90%，且其中 80% 的再生塑料用于瓶子的生产。该设备由挪威制造商汤姆拉（Tomra）制造。在一种情况下，我们可以收回一小笔显示在瓶子标签上的押金。在另一种情况下，可以"下注"，类似于一种彩票，虽然在大多数情况下会输掉。回收瓶子得到的押金通过将其退还给制造商得到，或在二次购买时直接减免。这笔钱最终将被捐赠给红十字会或其他人道主义协会。这样的做法使消费者获利，因此我们再也看不到随处丢弃的瓶子。挪威气候和环境部部长阿特尔·哈马尔（Atle Hamar）说，所有人都对此做法感到满意。

早在 1997 年时，生产者和发行者就创建了一个叫作"无限循环"（Infinitum）的组织来负责押金退还。该系统在地方运转良好，政府通过引入环境税的方式使生产者都加入该系统。回收率越高，税率越低。根据该组织的运营总监斯坦·内兰德（Sten Nerland）所说，如果回收率超过 95%，则环境税减为零。押金退还制度不仅使瓶子回收率从 84% 跃升至 90%，还降低了回收材料的成本。因为生产新塑料要比再生塑料便宜，所以它们更容易被用来制造新瓶子。随着回收塑料成本降低，它们也变得更具竞争力。

距奥斯陆约 30 千米处的费斯顿（Festund）是"无限循环"的中心之一，巨大的分拣线每天 24 小时运转，每小时处理 5 吨回收瓶。其中 94% 来自位于商店和大型购物中心的 3700 台机器，其余的 6% 来自其他

11300 个没有机器的收货点，商户接收这些瓶子并将押金退还给消费者。

斯坦·内兰德说："我们计划对制造瓶子中再生塑料的使用百分比征税，该讨论将在 2020 年年中得出结果。"目前挪威已经率先达到了欧洲邻国设定的目标，即在 2029 年实现塑料瓶回收率达到 90%。

《世界报》2019 年 12 月 10 日刊

法国医学生：无论如何都要成为医生

在公立医院危机的背景下，自 12 月 10 日起，全国实习生呼吁无限期罢工，但许多医学生仍然对他们的未来职业充满热情。洛伊斯·皮奎马尔（Loïse Piquemal）从上小学时就想成为一名医生。尽管如此，她还是对法国医疗系统的未来忧心忡忡。未来的医生已不再像过去那样拥有绝对优势。现在，绝大多数医学生拒绝放弃生命或健康，他们将医生视为一种职业而不是一种奉献精神。一名名为 ECSDM 的用户在社交网络上表示"我选择当一名全科医生是为了尽快逃离医院。我想有正常的工作时间"。强大的压力和少得可怜的社交生活，这是所有医学生都要面对的问题。2018 年，多纳塔·马拉（Donata Marra）博士在关于《医学生生活质量》的报告中指出，这些年轻人每天都面临巨大的社会心理风险：慢性压力、焦虑症、倦怠感……

尽管如此，仍有许多学生认识到这项工作将使他们在社会上享有非常优越的地位，并为他们提供工作保障。在战争或气候灾难时期，人们将始终需要医生，所以他们永远不会面临失业。做医生仍然是非常受人尊重和有声望的，洛伊斯表示，当一名医生，除了是成功的象征之外，同时也会为在社会中产生具体和直接的效用而感到自豪。22 岁的塞琳·阿塔尔（Céline Atar）说，在她父母看来，这是一个令人放心的职业。"因为你无须去寻找顾客，钱会主动来找你。"

作为医学院的院长，帕特里斯·迪奥特（Patrice Diot）表示当前在招聘医生时太过于城市化了，其中社会高层类别的代表人数过多。其中 65% 是女孩，且毕业考试成绩都是优。我们必须打破这些规则了。他还说道："如今医生已经不再是圣职，但年轻人的动力仍然和以前一样强，他们仍希望以高尚和慷慨的方式为患者服务。"就像一名大学五年级的医学生所说："我把医生看作一项公共服务任务，这种信念从未离开过我。"

《世界报》2019 年 12 月 12 日刊

法国交通罢工：尖叫、鸣笛，人们变成了野兽！

发疯和痛苦，紧接着是恐惧、压力、紧张、疲劳和愤怒，兼有暴力和仇恨的冲动，它们平时被压抑，如今出现在堆满人的黑色站台上。等了40分钟，你试图挤进一列拥挤的地铁，有人用手肘暴躁地将你往后推，满载得快要爆裂的车厢开动了，你只剩厌恶和无能为力感。难免要迟到。即使你凌晨4点起床，即使你脚穿运动鞋，在路灯的微光下、在倾盆大雨中不停奔跑，你还是会迟到，像数以万计的同胞一样，在被诅咒、正在罢工的城市。这城市碾磨、麻痹、摧毁，把你变成棋子、奴隶、战士、僵尸。

自从反对养老金改革的运动开始以来，人们就一直听到或看到这些现象。尽管有交通罢工，巴黎人还得去上班。那些最年长的经历过1995年罢工的人，他们出行的紧张、暴力和焦躁情绪都在上升。要么为了上下车厢或抢到一个座位，要么因为被踩脚、被瞪了一眼，劈头盖脸被背包打中或头发被钩住，"小心!""闭嘴!""别推我，你压着我了!"的声音不绝于耳。

此外，在周五早上，当一名乘客发生严重事故，也就是在早上8点左右自杀，导致RER A线交通中断时，一些乘客向我们坦言，他们的愤怒多于同情。

情况似乎正达到顶峰。晨间法兰西岛有450—600千米的堵车。通常从早上7点开始饱和的环路，现在提前一小时就塞满了，通往这座城市的通道已经车满为患。一名自行车主坦言："当我8点在协和广场停

347

下时，我觉得整个巴黎都在那里，可怕而嘈杂。到处都是汽车、摩托车、自行车、踏板车，甚至独轮车，这些疯子！"

我们在乔治-蓬皮杜和圣-安托万医院都被告知，交通事故"显著增加"：骑自行车、摩托车和踏板车摔倒；行人因为盯着智能手机，走着一条他们不习惯的路线而摔倒。巴黎消防队的发言人加布里埃尔·普吕斯上校宣布，自罢工开始以来，事故数量增加了40%（主要集中在两轮车），干预时间也大大增加。

《世界报》2019 年 12 月 17 日刊

米兰·昆德拉：布拉格怀旧

布拉格没有昆德拉旅游线路，只有从他的书中逃出来的鬼魂。在巴托洛梅斯卡街 304 号一楼，昆德拉和他的妻子维拉曾经住在这里。再往前走一点，是电影学院，20 世纪 60 年代这位小说家在这里授课。仅此而已。他的祖国对他嗤之以鼻，他的书在那里零零碎碎地出版，年轻人没有读过。老年人则对他不是无知就是冷漠。这里流传着一个笑话："哈维尔进了监狱，成为总统；昆德拉去了法国，成为一名作家。"这个笑话说明了一切。

昆德拉在《小说的艺术》中对"欧洲人"一词的定义是："对欧洲有怀旧之情的人。"1984 年，在《纽约时报》上，他甚至问自己："家的概念最终不是一种幻觉、一种神话吗？"正如他在 1981 年获得法国国籍时所说："法国成为我的书的故乡，我跟随我的书走。"

捷克 Respekt 杂志的一名记者兼历史学家在调查一名年轻的共产主义政权反对者德沃拉切克（Dvoracek）的案件时，在捷克国家安全档案中发现了一份关于米兰·昆德拉的未发表的文件。1950 年，这位 20 岁的未来作家向警方告发了年轻的德沃拉切克，导致他被捕，被判处 22 年监禁。半个多世纪后，世界各地的媒体就此对米兰·昆德拉进行指控。这一指控是如此暴力，以至于昆德拉打破了他在过去 34 年里一直保持的对媒体沉默的态度，并对捷克电台说："这是一个低劣的打击。我很愤怒。"在风暴中，昆德拉被撕成碎片。维拉在接受文化杂志 Host 采访时表示："这一次，我们意识到不可能再回来了。与此同时，产生了回家的想法，在那里我们可以躲起来……"

这对夫妇迷路了。"昆德拉和斯特拉文斯基（Stravinsky）一样，从来没有忍受过流亡的负面概念。"芬克尔克劳特（Finkielkraut）回忆道，"对他来说，流亡是一个机会，这增加了他与捷克人之间的距离。但是今天，随着年龄的增长，对祖国的怀念已经侵袭了他们。因此，他们同意获得捷克国籍。"

《世界报》2019 年 12 月 22 日刊

阿尔贝·加缪，跨越时代的超前思想

阿尔贝·加缪（Albert Camus）死于60年前，46岁时因交通事故而丧生。死前三年，他获得了诺贝尔文学奖。时至今日，《局外人》和《鼠疫》依然畅销。一部纪录片清晰地记录了他的人生旅程和思想，这段简短的纪录片讲述了他作为新闻工作者和作家的经历。这些经历和思想不仅表现了他同时代人的生活，从中甚至可以瞥见后人生活的影子。

一切都始于地中海的另一端，他出生于阿尔及利亚一个"既不会读书也不会写字"的家庭。在他出生八个月后，第一次世界大战爆发，父亲在前线被杀。他从小就在阿尔及利亚贝尔库的贫民区尝尽了生活艰辛。但当他回忆他的青少年时代时，想起的是那些"不用花钱就能得到的快乐"——在海里洗澡，和朋友们踢足球。他还说："那些仅有的我知道的道义伦理，都是从剧院舞台上和足球场里学来的，它们是我真正的学校。"

得益于奖学金，他进入高中并最终获得哲学学位，但严重的肺结核病使他放弃了大学任教资格考试。之后，他的朋友帕斯卡尔·皮亚（Pascal Pia）雇佣他为报纸《阿尔及利亚共和党人》撰写专栏文章，他捍卫自己作为一个新闻工作者的身份，为那些没有话语权的人发声。他还秘密地活跃于抵抗运动中，主编地下刊物《战斗报》，谴责纳粹的野蛮行径、独裁体制以及使用核武器的行为。他为对抗当时的极权主义而进行的斗争使他成为国外公认的叛乱人物。面对阿尔及利亚战争的暴行，他为阿拉伯人民进行调和并且争取额外权利。

研究加缪的哲学教授玛丽琳·梅索（Marylin Maeso）这样说道：

"当他谈论在对话中面对的一些困难时，就好像他了解现在的社交网络。当看到他说'我辱骂的那个人，我看不到他的目光和神色'时，我们感觉他在说推特。"

《世界报》2020 年 1 月 4 日刊

总理菲利普对于"关键年龄"表述的变化

　　毫无疑问，现任政府推行的退休改革是一场硬仗。1 月 11 日总理菲利普写给工会和社会组织的信反而起了反作用。法国民主工联（CFDT）对菲利普在信中写道"放弃法律草案中的关键年龄"感到满意，满足了他们的预期。而其他主要工会组织领袖却完全不这么认为，他们对政府的草案根本不满意。分歧越来越多，改革形势越来越复杂。为了掌握争论主动权，菲利普首先重申现行制度的一些规定。根据现行制度，所有劳动者无论男女，只要年满 62 岁就有权要求发放退休金。这就是法定最低退休年龄，但这一制度存在很多例外情况（如工龄较长的劳动者、特殊行业劳动者等）。如果劳动者要享受全额退休金，就要在一定年限内坚持缴纳年金。如果没有缴纳到这个年限，领到的退休金就会打折扣，但如果劳动者坚持工作到 67 岁就可以不扣退休金了，67 岁也由此成为扣除退休金的豁免年龄。在以后的退休制度中，人们依旧可以要求 62 岁退休，但政府希望"在不强制国人们的情况下，鼓励大家多工作几年"，这也在现在呈递议会和社会保障署的法律草案中明确指出了。为了达到这个目标，条文中写道希望设立一个高于 62 岁的"均衡年龄"（或关键年龄）来当作"所有劳动者都可以领取全额养老金的参考值"：如果在此之前退休就会扣钱，反之则有奖励。由此，政府希望以"更优渥的退休金"鼓励个人延长工作年限。菲利普也希望用这个机制来巩固退休制度的可持续性和收支平衡。

　　总理在信中明确写道：改革将坚持设置平衡年龄。他表示，平衡年龄是退休制度中重要的一环，政府会尽力"让所有劳动者都能体面地退休"。法国民主工联早前曾说草案中已经取消关键年龄了，而菲利普的这个表述却使法国民主工联的话显得草率了：即使 2027 年不会将 64 岁定为关键年龄，但这个指标依然存在。前退休改革事务专员让-保罗·德勒瓦在 7 月呈交的报告中提到"关键年龄"时，法国民主工联就批评这个设置过于独断专行。法国民主工联会不会妥协，未来让我们拭目以待。

《世界报》2020 年 1 月 14 日刊

奥斯维辛被遗忘的训诫

　　纪念活动不是对历史的回顾，而是对现在的训诫。1月23日星期四，40多名国家领导人出席了在耶路撒冷举行的解放奥斯维辛集中营75周年纪念活动。这一仪式以过去令人震惊的行径为代价，对当今世界令人不安的状况提供了双重指导。

　　首先是应对反犹太主义的兴起。2000年，46位国家元首和政府首脑在斯德哥尔摩举行的第三届国际大屠杀论坛会议上发表声明，特别提出"承担对抗种族灭绝、种族清洗、种族主义、反犹太主义、仇外心理的庄严责任"。然而，19年过去了，当年的诺言并没有实现。欧洲的犹太人比例仅占全球犹太人的10%，1939年时这一比例还高达60%。在欧洲，反犹太主义势头正盛，我们以为的那些停留在历史书里的场景正在成为报纸上的新闻。例如最近在德国哈勒市（Halle）发生的事件，犹太教堂在赎罪日（Yom Kippur）遭到白人至上主义者的袭击。德国总统弗兰克-瓦尔特·施泰因迈尔（Frank-Walter Steinmeier）周四在耶路撒冷接受采访时表示："我非常希望我能告诉你德国人已经吸取了历史教训。但我不能这么说，因为仇恨仍在蔓延，犹太儿童在校园里被人吐唾沫。"马克龙也强调了这种危险，法国内政部统计的反犹太行为在2018年增加了74%。

　　其次是关于民族主义的兴起。奥斯维辛集中营解放75周年之际，本来是可以让不同民族之间放弃对抗的契机，然而我们正在目睹与之相反的情况发生。民族主义和相互排斥导致了第二次世界大战，中欧和东欧几个国家——波兰、乌克兰和立陶宛仍然拒绝参加纪念仪式，这给了俄罗斯总统发表个人历史观点的机会，他大肆赞赏苏联红军，好像忘记了1939年的苏德条约。这些仪式本应该是庆祝第二次世界大战结束，却使人又一次目睹了美国和以色列对伊朗的宣战。整个国际社会正面临着即将破裂的可怕时刻，世界各国却无法避免这种分歧。

《世界报》2020年1月25日刊

科比·布莱恩特

1月26日，美国前篮球运动员科比·布莱恩特在直升机坠毁事故中去世，终年41岁。

科比17岁时作为全美最佳高中生球员，跳过大学直接参加NBA选秀。他以13顺位被黄蜂队选中，并立即转到联盟顶级球队之一：洛杉矶湖人队。

科比作为乔丹的模仿者，是最接近"空中传奇"的球员。"我不介意被比作乔丹。我打算和他一样好。"

科比与同队主力沙奎尔·奥尼尔组成最强二人组。在乔丹前教练菲尔·杰克逊的指导下，洛杉矶湖人队于2000年到2002年连续三次夺得NBA冠军。

科比的绰号"黑曼巴"来自一种同名蛇——冷血的无声杀手。同年，他被科罗拉多州一家酒店的员工指控性侵。赞助商与他解约，他的形象变得越来越糟糕。最终原告撤诉，双方庭外和解，科比公开道歉。

在2006年1月对阵多伦多猛龙队时，科比拿下NBA历史上单场第二高分81分，仅次于张伯伦在1962年创下的100分纪录。

在2008年北京奥运会上，科比把金牌带回了篮球发源地——美国。在2007—2008年赛季，科比被选为赛季最佳球员，随后两年，湖人队连续两次夺冠。

2013年，科比在一场比赛中跟腱断裂依然顽强罚进两球。此后，他休赛一年。2015年11月，科比在球员论坛网站上发表了一篇题为《亲爱的篮球》的文章，宣布他即将正式退役。在2015—2016年他开启巡回表演赛。5 次 NBA 冠军，2 次奥运会冠军，18 次入选全明星赛，科比·布莱恩特在结束 20 年职业生涯的最后一个晚上以 60 分、50 次投篮的成绩完美谢幕。

退役后，科比参与配音的影片《亲爱的篮球》于 2018 年获得奥斯卡最佳动画短片奖，他同时是制片人、女儿球队的教练、儿童读物出版商。"我喜欢讲故事，激励孩子们，"他解释道，"你必须做你喜欢做的事。"

科比去世的消息传出后，体育界和整个 NBA 纷纷表示悼念。"他是一个强有力的竞争者，是篮球史上最伟大的球员之一，并极具创造力。"迈克尔·乔丹这样写道。

《世界报》2020 年 1 月 28 日刊

舞台上的第九艺术

漫画是出版界最具活力的行业之一，但对艺术家和作家来说，它也最不稳定。昂古莱姆国际漫画节仍然是世界上最大的第九艺术展览，将在日本艺术家高桥留美子的主持下，于明天开幕。2020 年被正式定为漫画年。此地将在为期四天的展览期间，等待约 22 万名参观者及 6000 多名专业人士的到来。总统马克龙和文化部部长弗兰克·里斯特明天将参加正式启动仪式。

1. 2020 漫画年的标签有什么作用？

弗兰克·里斯特于一年前指定国际漫画暨影像城和国家图书中心为联合主办单位，《石英都市》的作者儒勒和最近入选美术学院的漫画家凯瑟琳·默里斯均为代言人之一。

国际漫画暨影像城主任皮埃尔·隆赫雷蒂（Pierre Lungheretti）解释说："突出漫画对法国乃至国际艺术生活的贡献，重视与研究和教育用途相关的价值，重视作者、作品的丰富性。我们组织了与文化参与者、书商的会见，并与区域文化事务理事会建立了联系，以便每个运营商都能抓住今年的重大机遇。"

2. 在国家层面将进行哪些活动？

今年计划在法国大城市和海外开展不少于 600 项活动，在历史名胜、文化机构和博物馆开展具有象征意义的项目。

3. 新阿基坦大区的亮点是什么？

大约 40 场活动将在新阿基坦大区进行。公众将能在国际漫画暨影像城发现"刘易斯·特隆赫姆的故事"。《德辛尼大道》将发起一场由撰稿人参加的活动，由历史学家和漫画理论家蒂埃里·格龙斯廷（Thierry Groensten）领导。

4. 2020 年，对漫画作者来说，这是关键的一年吗？

布鲁诺·拉辛（Bruno Racine）受政府委托撰写的报告几天前才发表，突出了艺术家、作家的社会经济困难，为有利于作者的再平衡开辟了前景，特别是在公共政策领域，提出了一系列建议，以及可直接提升他们的计划，并规定薪酬下限。如果感到放心，或者至少有被倾听的感觉，他们会在聚会期间呼吁采取行动，包括 31 日下午 4：30 在市政厅前的罢工。

《西南报》2020 年 1 月 29 日刊

打击欺骗性促销的斗争越来越有力

2019 年 10 月 25 日，丝芙兰被楠泰尔高级法院轻罪法庭判处 4 万欧元罚款，原因是 2017 年冬季，该化妆品公司大约有 50 种商品在网上被错误地贴上了减价标签，而这些商品在减价开始前几天的促销活动中的出售价格反而更低。类似审判在法国并不是首次：亚马逊、扎兰多和 H&M 等网站已经因欺骗性商业行为被点名。竞争、消费者和反欺诈综合办公室主任洛伊克·坦基（Loïc Tanguy）表示："私人销售网站也会因公布不符合任何经济现实的参考价而受到刑事起诉。"近几年，误导性广告已经渗透到电子商务中。据法国消费者权益保护协会（UFC-Que choisir）的说法，几乎所有的电子商户都会使用不同的虚假定价手段，以及虚假"倒计时"，真实目的则是"驱动消费"。

UFC 报告说，在上个"黑色星期五"，在 31603 种被调查的商品中，只有 8.3% 的商品价格下降，平均降幅为 7.5%，与–50% 或–70% 的标称折扣数字相差甚远。最糟糕的是，它起作用了！

据 UFC 数据，虚假抛售程度最大的产品也是销量最多的。UFC 消费观察中心主任格雷戈里·卡雷特（Grégory Caret）表示："人们对促销活动上瘾了，这就是为什么我们得教育他们，让他们明白 50% 以上的折扣是不存在的。"与此相反，越来越多的商店声称参与了"无减价运动"，并决定停止任何折扣政策，以鼓励更合乎道德和负责任的消费。无论如何，在线商务巨头们最好保持警惕，因为未来情况可能会变得更糟。欧盟委员会刚刚通过了一项新指令，将参考价定义为报价发布前 30 天内的最低价格。这（从理论上）避免了完全虚构的标签。

2019 年 12 月，法国议员通过了一项修正案，将"激进"的商业行为定义为"让消费者觉得在其合法期限之外享受了与折扣相当的降价……"一些观察人士认为，如果这些警告还不够，电子商务最终可能会受到严格的促销限制，就像最近在食品行业所采用的措施那样。

《世界报》2020 年 2 月 4 日刊

在巴黎和巴黎近郊买房是一项"格斗运动"

40 多岁的塞德里克和朱莉（化名）本以为自己稳操胜券，能在巴黎 20 区买到梦想中的四室公寓：他们领两份薪水且地位稳定，预算超过 100 万欧元，如果卖掉他们目前的公寓还能再拿到 65 万欧元。然而，他们以广告价格报价的三套公寓已经在他们的眼皮底下被买走。事实上，尽管价格不断上涨（巴黎公寓每平方米超过 1 万欧元），市场仍供不应求。

房地产经纪人的行为也饱受争议。朱莉说："我们刚刚参观了一套公寓，但房地产经纪人要求我们在提交报价之前给他一份独家销售我们现有公寓的授权书！"这样，房地产经纪人进行两笔交易，并收取 5% 的手续费。"这是非法的！"朱莉情绪激动，"我为什么要交 3 万欧元的手续费？并且我知道已经有两个邻居对我们的房子感兴趣。"然而，这对夫妇最终屈服于房地产经纪人的"敲诈"，签署了销售授权书。

正在蒙特勒伊（塞纳-圣但尼）寻找二居室的朱丽叶参观了 19 处房产，出了 5 次价，2 次退出竞价，错过了另外 3 处。她刚签了一份无限期合同，就想找个地方住。"卖家更倾向于无须贷款的买家。"参观是一项格斗运动，在拥挤的人群中还有很多其他买家。工作人员只给你几分钟时间，询问你的财务计划、身份及个人资产。"竞争如此激烈，以至于有一些买家，尤其是投资者，在没有参观房产的情况下就出价了。"上塞纳省布洛涅-比扬古"21 世纪"房产中介的杰罗姆·杜朗-奥吉尔表示，"但在我们这里，所有买家都得实地参观，因为匆忙往往会导致买家撤资。"他建议买家从银行或信贷经纪人处拿到一封"安慰信"，证明自己能得到贷款，出资计划可靠；并出具一张信息表，写明职业、收入、资产总额，以及购买房产是为居住还是投资。"然后我们建议卖方接受提供最大担保的方案。"在大巴黎严酷的房地产环境中，这场斗争是无情的。

《世界报》2020年2月7日刊

伯纳德·查尔斯:
"国家应该对数据信息进行干预"

伯纳德·查尔斯（Bernard Charlès），是达索系统公司（Dassault Systèmes）的董事长，1983 年加入该公司，如今达索系统已成为设计、制造、工业仿真软件的全球领导者。作为该行业的领头者，伯纳德·查尔斯建议法国及欧洲政界人士对数据产业进行保护。

主权应该以何种方式应用到数据信息领域呢?

我们生活的世界不仅仅是物理的世界，而且还是虚拟的、数字化的世界，我们有必要去制定新的社会、道德及互动规则。如今，数据已成为我们的一部分财富。CNIL（国家信息和自主权委员会）禁止警察及治安部门随意获取我们的出行记录，但国外的平台却毫无限制地这样做，以此来向我们提供服务。我认为，我们与外国平台达成协议却并没有涉及其包含的数据信息的主权问题是不正常的做法。

主权云，是否能够保证法国信息数据的机密性和收容性?

主权云的概念必须符合已制定的预防性规则。我们不仅为法国和欧洲的客户，还为世界各地的客户提出了此类解决方案。我们甚至证明它是有经济利益的。但是主权云并非信息技术问题！最重要的是，它面临商业不对称问题。

"商业不对称"是什么意思?

谷歌地图知道你的去向和位置，但是它所收集的数据和你获得的服务之间并不对称。并且，你并不知道这些数据对他们来说代表的价值。一旦出现这种不对称性，主权国家就应立即进行干预，因为这会对社会公约产生影响。这是真正的政治问题。

那么应该由国家来规范数据管理问题吗?

我并不是那一类要求国家过度管理的人,但如果国外的平台要向人们提供一项新的服务,它理应在最后将收集到的信息归还给国家。这使得国家能够了解流量,从而在多式联运环境中优化服务及其质量。但政界人士才刚刚开始了解这种经济模式及其挑战和后果。

《世界报》2020 年 2 月 18 日刊

共同农业政策　法国抗争的关键

　　在参加完关于讨论 27 个成员国预算的欧洲峰会后，马克龙紧接着于 2 月 22 日星期六出席了巴黎国际农业展。在展会上，他表示法国将继续抵制欧盟削减农业预算。正如他在布鲁塞尔坚持声称的那样，共同农业政策是欧洲建设的"重要支柱"。2014—2020 年，欧盟在农业方面的支出超过了 4100 亿欧元。欧盟财政委员会主席查尔斯·米歇尔（Charles Michel）在其 2021—2027 年的预算提案中提出了 3293 亿欧元的总额度。即使考虑到如今欧元的贬值幅度，这依然是相当大幅度的削减（14%），部分被用于农村发展的资金被抵消，这让人难以接受。

　　布鲁塞尔峰会后，马克龙明确表示，农业资金一定不能遭受英国脱欧对欧盟预算的影响，并保证道："我们不会放弃共同农业政策，我已经说得很清楚，英国脱欧造成的损失不应该由农业承担。"总统府的推特账户在不久后发布了一段简短的视频并传达了以下信息："我们已经取得了一些进步，但我们认为这还不够。"然而，当天早上，农业部部长迪迪埃·纪尧姆（Didier Guillaume）却在法国 LCI 电视台承认法国已经接受关于共同农业政策 2021—2027 年度的预算额度。随后又声称："我们已经赢得了第一战。委员会在之前提出的 3700 亿欧元的总额度是令人难以接受的。"

　　如果欧盟财政委员会的最终提议被否决，那么共同农业政策就可以获得 44 亿欧元的资金（其中 20 亿欧元直接支付，另外 24 亿欧元将用于农村发展），但荷兰和北欧国家长期以来一直在争取限制支持农业的资金额度，他们认为应该致力于促进现代化发展（科学研究、空间技术、创新技术等）。

　　法国在整个谈判过程中表现出的坚定态度被认为体现出一种安抚海外农业生产者的意愿。在布鲁塞尔举行的欧洲峰会上，海外农业生产者本应与马克龙进行视频对话，但马克龙之后决定将他们邀请至爱丽舍宫，由他的妻子布吉丽特（Brigitte）和海外部部长及农业部部长共同接见。

《世界报》2020 年 2 月 23 日刊

病毒：瓦兹病例溯源

自法国宣布第一例新冠病毒死亡病例后，相关人员翌日便紧锣密鼓地展开了对该病例传染路径的排查。总统马克龙为了缓和人们愈演愈烈的恐慌情绪，于周四早上赶赴巴黎毕帖-撒贝特莱（Pitié-Salpêtrière）医院，首个死亡病例生前曾在该院接受治疗。逝者是瓦兹省人，时年 60 岁，生前是一位教师。随后的一例死亡病例是一位在克莱耶（Creil）航空基地工作的 55 岁法国公民，他生前曾在亚眠大学医疗中心（centre hospitalier universitaire，CHU）接受紧急救治，但依旧不幸离世。他们都没有中国或意大利北部地区旅行史。上法兰西大区地区医疗局（Agence régionale de Santé，ARS）主任艾蒂安·尚毕勇 26 日表示："瓦兹这两例病例都没有在疫情严重地区的旅行逗留史。这也是他们未能像其他新型冠状病毒疑似病例一样在发病初期就成功确诊的原因。我们正在全力调查这两例死亡病例的传播路径。"

这位正当耳顺之年的瓦兹省老人在垂危之际由直升机运抵巴黎毕帖-撒贝特莱医院，但最终还是因为肺部栓塞去世。自 2 月 20 日在亚眠大学医疗中心接受治疗以来，这位病人一直呼吸困难，但那时所有人都不知道他是新冠病毒感染患者。

在地区医疗局的要求下，克莱耶医院启动了"白色计划"。全院覆盖监控并启动危机机动小组。所有曾与患者接触的人员都将接受隔离，一切人员流动须进行登记。"白色计划"专门针对一些极特殊的卫生安全事件，它规定当局有权召回一切在编不在职的医护人员并根据患者人数适当增添医院床位。

医护人员正在对所有与首例死亡病例生前有过接触的亲友及相关人士进行传染病学筛查，其中包括克莱耶医院的医护工作者和患者，死者生前接触的同事、其所负责的四个班的学生及其父母等。上述所有人群都将接受卫生部门的隔离措施，以便控制病毒进一步传播扩散。对死者的配偶及两名子女也进行了检测，尚不知结果。

《世界报》2020 年 2 月 28 日刊